はじめに

本書は、国家資格「ファイナンシャル・プランニング技能検定（FP技能検定）」２級（実技試験）の合格を目指す方のために、“試験の達人”ならば、こうしたノートを作って試験に臨むであろうと想定して制作したものです。

FP技能検定は、学科試験＋実技試験という形で実施され、両方の試験に合格する必要があります。試験実施機関は、日本FP協会と金融財政事情研究会の２機関で、それぞれが学科試験と実技試験を実施します。学科試験は同一の試験問題ですが、実技試験は試験範囲が異なる業務別の選択試験となっています。

本書は、金融財政事情研究会の実施する実技試験のうち受検者数が多い「個人資産相談業務」に対応したテキストです。

この実技試験の合格率は、回によって異なりますが（例えば、2024年１月試験37.1％、2023年９月試験41.4％）、過去６回（2022年５月～2024年１月）の平均合格率は約38％となっています。こうしたレベルの試験で大切なことは、何よりもまず①基本をしっかりと覚えること、そして②覚えた知識を正解に結びつける応用力を身につけることです。本書では、①のために問題を解くために必要とされる基本知識を各項目の最初に「重要ポイント」としてまとめました。そして、②のために関連する演習問題を次のページ以降に掲載しました。こうすることにより、習得した知識を実際に問題を解きながらさらに深めることができます。

一にも二にも、基本の習得→問題による演習→復習・確認の繰返しこそが、試験合格への早道です。そのために、このノートをフル活用してください。

2024年５月

FP技能検定対策研究会

●ファイナンシャル・プランニング技能検定について ……4
●実技試験「個人資産相談業務」の出題傾向 ……8
●本書の使い方 ……12

重要ポイント・演習問題編

A.ライフプランニングと資金計画

1．複利計算を簡便に行う６つの係数 ……14
2．老齢年金 ……18
3．遺族年金 ……30
4．障害年金 ……32
5．定年退職後の社会保険 ……38

B.金融資産運用

6．株式投資 ……44
7．債券投資 ……50
8．投資信託 ……56
9．外貨運用 ……66

C.タックスプランニング

10. 所得税の計算 …… 70

11. 源泉徴収票 …… 76

12. 退職所得 …… 78

D.不動産

13. 建蔽率・容積率 …… 92

14. 不動産の譲渡所得 …… 100

E.相続・事業承継

15. 相続税の計算 …… 110

16. 土地・建物の財産評価 …… 126

17. 小規模宅地等の特例 …… 128

18. 贈与税の計算 …… 132

19. 相続時精算課税制度 …… 134

チャレンジ問題〔解答と解説〕 …… 138

「ファイナンシャル・プランニング技能検定」について

●ファイナンシャル・プランニング技能検定とは

「ファイナンシャル・プランニング技能検定」（FP技能検定）は、職業能力開発促進法に基づき、ファイナンシャル・プランニングの技能を国として証明する国家検定制度です。この技能検定の合格者に付与される「ファイナンシャル・プランニング技能士」（FP技能士）は国家資格であり、技能検定合格者しか名乗れない名称独占資格（永久資格）です。

FP技能検定は2002年度から実施されているもので、厚生労働省から指定試験機関の指定を受けた特定非営利活動法人日本ファイナンシャル・プランナーズ協会（日本FP協会）と社団法人金融財政事情研究会が試験を実施しています。

日本FP協会では、協会独自のFP資格である“AFP”認定の要件として、４つの要件（教育、試験、経験、倫理）を満たすことを義務づけていますが、このうちの「試験」に当たる部分としてFP技能検定（２級）を位置づけています。また、きんざいは従来の「金融渉外技能審査」（FP認定試験）に代わる形でFP技能検定を実施しています。

図表１．FP技能士とCFP®資格・AFP資格

FP資格の種類		CFP®	AFP	FP技能士
資格分類		民間資格 （国際資格）	民間資格 （国内資格）	国家資格
資格認定機関		NPO法人日本FP協会		国（厚生労働省）
4Eの有無	教育 （Education）	認定研修の修了、 継続教育の義務		—
	試験 （Examination）	指定試験 （FP技能検定を含む）の合格		FP技能検定の合格
	経験 （Experience）	FP実務の実践		金融サービス全般の 実務経験年数
	倫理 （Ethics）	倫理規程の遵守、 約定書の署名と本人確認		—
資格更新の有無		２年毎に更新が必要		更新は不要

CFP®、CERTIFIED FINANCIAL PLANNER®およびサーティファイド　ファイナンシャル　プランナー®は、米国CFPボードの登録商標で、ライセンス契約の下にNPO法人日本FP協会が使用を認めています

●FP技能検定の概要

⑴　試験の概要

FP技能検定は、１級、２級、３級の等級に分かれています。それぞれ学科試験と実技試験が行われ、それぞれ別に合否が判定されます。

・学科試験または実技試験の合格者･･･一部合格書が発行されます。
・学科試験と実技試験の両方の合格者･･･合格証書が発行されて「FP技能士」を名乗ることができます。

(注)一部合格者には試験免除制度があり、それぞれの試験が免除されます（試験免除期限は合格した試験の翌々年度まで)。

⑵　試験科目、出題形式、合格基準、試験範囲

学科試験は日本FP協会と金融財政事情研究会で同一の試験問題ですが、実技試験は試験範囲が異なる業務別の選択試験となっています。

２級試験の場合、学科試験はマークシート方式（四答択一式）で６科目の試験範囲から60問出題され、60％以上の正解で合格となります（日本FP協会、金融財政事情研究会とも共通)。

実技試験は記述式で、択一、語群選択、空欄記入、計算問題などが組み合わされて出題されます。日本FP協会では40問の出題、金融財政事情研究会では事例形式５題(15問）の出題で、60％以上の正解で合格となります（次ページ図表２～４参照)。

⑶　受検資格

２級の受検資格は、①FP業務に関し２年以上の実務経験を有する者、②日本FP協会が認定するAFP認定研修の修了者、③３級の合格者となっています。

実務経験とは、資産の設計・運用・管理およびこれらに係わる相談業務、コンサルティング業務に携わった経験をいいます。かなり抽象的な定義ですので、具体的な受検資格の有無については各試験実施機関にお問い合せください。

実務経験がなく、日本FP協会認定研修も受講しない場合には、３級からの受検となります。３級の受検資格は、FP業務に従事している者または従事しようとする者となっていますので、実質的に誰でも受検することができます。

⑷　複数試験機関方式

FP技能検定は、日本FP協会と金融財政事情研究会の２機関が実施します。両者とも2024年度までは年３回（５月、９月、１月)、同じ日の同じ時間帯に実施されます。そして、午前の学科試験は両者とも同一問題が出題され、午後の実技試験はそれぞれの業務別試験となります。

なお、2025年度からはCBT方式の試験に移行します（次ページ図表２の注記参照)。

図表２．２級FP技能検定の概要（2024年度）

	出題形式	試験時間	合格基準	実技試験の選択科目	実施機関
学科試験	マークシート方式（四答択一式60問）	120分	満点の60％以上	―	日本FP協会 金融財政事情研究会
実技試験	記述式（択一、語群選択、空欄記入、計算など）	90分	満点の60％以上（各問の配点は非公開）	資産設計提案業務	日本FP協会
				個人資産相談業務 中小企業資産相談業務 生保顧客資産相談業務 損保顧客資産相談業務	金融財政事情研究会

※2025年度からは、日本FP協会の実施試験、金融財政事情研究会の実施試験とも、CBT試験に移行します。出題形式や合格基準に変更はありませんが、CBT試験になると、紙ではなく、テストセンターのパソコンで解答する形式となり、受験生ごとに試験問題が異なるようになります。

試験は通年で行われ、受検生が希望する日時に受けることができます（一部休止期間を除く）。会場は、全国のテストセンターの中から、受検生が希望するセンターで受験することになります。

なお、金融財政事情研究会では、「学科」および「実技試験」の「個人資産相談業務」「中小企業主資産相談業務」の３科目についてのみ、従来の紙方式での試験を、2025年５月試験としてCBT試験と並行実施します（同試験をもって２級の紙方式の試験は終了）。

図表３．実技試験の概要（金融財政事情研究会〈個人資産相談業務〉）

●学科試験の試験範囲について、下記の項目を審査

１．関連業法との関係および職業上の倫理を踏まえたファイナンシャル・プランニング	ファイナンシャル・プランニング業務に必要とされる倫理観と関連業法との関係を正しく理解したうえで相談に対する回答が行えること
２．個人顧客のニーズおよび問題点の把握	個人顧客の属性、保有金融資産、保有不動産等に関する具体的な設例に基づき、金融資産選択、不動産の有効活用、相続・贈与、ライフプランの策定、年金プランの策定、所得税・住民税等に関する相談における問題点及び顧客ニーズを把握できること
３．問題の解決策の検討・分析	問題解決に当たって、ファイナンシャル・プランニング業務に必要とされる知識に基づき、相談に対する適切な解決策の分析・検討ができること
４．顧客の立場に立った相談	顧客の立場に立ったうえで最も適切な問題の解決策を数字的な裏付けをもって提示できること

図表4．2級FP技能検定・試験結果

実施時期	試験科目		受検申請者数	受検者数（A）	合格者数（B）	合格率（B／A）
2022年5月	学科	金財	47,971	36,863	8,152	22.11%
		日本FP協会	34,877	27,678	13,617	49.20%
	実技	個人資産相談業務	16,701	12,319	3,874	31.44%
		資産設計提案業務	30,454	23,237	14,432	62.11%
2022年9月	学科	金財	44,968	34,872	5,495	15.75%
		日本FP協会	31,989	26,265	11,074	42.16%
	実技	個人資産相談業務	15,634	11,716	4,867	41.54%
		資産設計提案業務	27,115	21,516	12,167	56.55%
2023年1月	学科	金財	47,555	36,713	10,676	29.07%
		日本FP協会	37,352	29,466	16,537	56.12%
	実技	個人資産相談業務	16,943	12,487	4,257	34.09%
		資産設計提案業務	31,645	23,944	14,283	59.53%
2023年5月	学科	金財	35,898	27,239	4,772	17.51%
		日本FP協会	30,511	24,727	12,072	48.82%
	実技	個人資産相談業務	13,187	9,827	3,908	39.76%
		資産設計提案業務	27,999	22,167	12,991	58.61%
2023年9月	学科	金財	36,884	28,094	6,393	22.75%
		日本FP協会	29,220	23,917	12,804	53.54%
	実技	個人資産相談業務	12,444	9,065	3,750	41.36%
		資産設計提案業務	26,198	20,892	10,867	52.02%
2024年1月	学科	金財	37,990	29,226	3,881	13.27%
		日本FP協会	33,648	26,563	10,360	39.00%
	実技	個人資産相談業務	13,675	10,036	3,725	37.11%
		資産設計提案業務	31,907	24,632	15,055	61.12%

＊最新の試験の結果は、金財・日本FP協会のHPで確認できます。

●FP技能検定の問合せ先（試験実施機関）
NPO法人日本ファイナンシャル・プランナーズ協会　試験事務課
TEL　03-5403-9890　　https://www.jafp.or.jp/
一般社団法人金融財政事情研究会　検定センター
TEL　03-3358-0771　　https://www.kinzai.or.jp/

実技試験「個人資産相談業務」の出題傾向

金融財政事情研究会が実施する実務試験「個人資産相談業務」は、事例形式で５題（事例１題につき３問、計15問）出題され、合格ラインは60％以上の正解となっています。

合格率は、回によってかなり異なりますが（例えば、2024年１月試験37.1％、2023年９月試験41.4％）、過去６回（2022年５月～2024年１月）の平均合格率は約38％となっています。

問題数が日本FP協会の実技試験よりも少ない分、問題の難易度は、こちらのほうが高いといえます。しかし、出題傾向がある程度予測できるため、過去問に習熟しておけば合格できると思われます。

実技試験「個人資産相談業務」は図表６のように、大きく分けて５つの分野から事例形式で各３問計15問が、語群選択式、計算問題などの形式で出題されます。語群選択問題は、学科試験用の知識で対応できる問題が多いといえますので、実技試験対策としては、各種計算問題に習熟しておく必要があります。特に、次のような計算は、しっかりとできるようにしておいてください。

- **年金の計算**…老齢厚生年金の年金額を計算するしくみおよび支給される年金の構成（報酬比例部分、加給年金など）と支給形態などを覚えておくこと。老齢基礎年金についても年金額が計算できるようにしておくこと。
- **係数表を利用した計算**…学科試験で出題される複利計算を簡便に行う６つの係数を使って解く計算問題がときどき出題されています。
- **債券の利回り計算**…基本（１年あたりの平均収益を投資元本で割ったものが利回り）を覚え、応用できるようにしておくこと。
- **所得税の計算**…所得金額の算出から所得税額まで計算できるよう計算過程をしっかり理解しておいてください。併せて、退職所得の計算もできるようにしておくこと。
- **建蔽率・容積率の計算**…建蔽率の緩和規定や容積率の制限規定、敷地が建蔽率・容積率の異なる地域にわたる場合の取扱いなどを理解しておくこと。
- **相続税の計算**…相続税の総額までの計算は最低限できるようにしておくこと。納付税額まで計算させる問題は出題されていませんが、配偶者の税額軽減を計算させる問題は出題されていますので、最後まで（納付税額まで）計算できるようにしておくことがベター。関連して、土地建物の相続税評価額（路線価方式、小規模宅地等の評価減、貸家建付地の評価等）の計算方法も覚えておくこと。

図表5．実技試験「個人資産相談業務」の過去15回の出題内容

		2019・1	2019・5	2019・9	2020・1	2020・9
ライフプランニング・資金計画	テーマ	家族の生活保障	老後資金の準備	継続雇用	早期退職と開業	老後資金の準備
	語群選択	遺族基礎年金	個人型年金	公的年金制度の老齢給付	公的年金制度の老齢給付	個人型確定拠出年金
	○×式	公的年金・公的介護保険	年金の受給	社会保険全般	公的年金・小規模企業共済制度	公的年金・個人型確定拠出年金
	計算問題	遺族厚生年金の年金額	公的年金制度の老齢給付	老齢基礎年金・老齢厚生年金の年金額	老齢基礎年金・老齢厚生年金の年金額	老齢基礎年金・老齢厚生年金の年金額
金融資産運用	テーマ	投資信託	株式投資	株式投資	債券・外貨預金	株式投資
	語群選択	投資信託全般	配当金・譲渡益	NISAのロールオーバー	——	——
	○×式	投資信託の購入方法	投資指標	株式投資全般	債券投資・外貨預金の留意点	米国の経済指標等
					債券投資・外貨預金に係る課税	株式の購入
	計算問題	換金時の所得税・住民税	投資指標	投資指標	債券・外貨預金の利回り	ROE・配当利回り
タックスプランニング	テーマ	住宅取得	所得税	定年退職	住宅取得	所得税
	語群選択	住宅借入金等特別控除	損益通算	——	住宅借入金等特別控除	医療費控除
	○×式	住宅借入金等特別控除	所得税の課税	所得税の課税	住宅借入金等特別控除	所得税全般
	計算問題	所得税	総所得金額	退職所得の金額	所得税	課税総所得金額
不動産	テーマ	自宅・賃貸アパート建替え	土地の活用	空き家の活用	賃貸マンション経営	土地の活用
	語群選択	自宅の譲渡	事業用定期借地権	建設協力金方式	地積規模の大きな宅地の評価	路線価、相続税評価
	○×式	土地の有効活用の手法	建設協力金方式	居住用財産に係る譲渡所得の特別控除の特例	自己建設方式	土地の有効活用
	計算問題	建築面積・延べ面積	延べ面積	建蔽率・容積率	建蔽率・容積率	延べ面積
相続・事業承継	テーマ	生前贈与	相続	相続	相続	相続
	語群選択	相続税全般	相続税額の算出方法・相続開始後の手続き	事業承継に係る税制	——	遺言、遺留分、小規模宅地等の特例
	○×式	相続時精算課税制度	遺産分割・遺言	遺産分割・遺言	不動産賃貸業の法人化	直系尊属から住宅取得等資金の贈与を受けた場合の贈与税の非課税
	計算問題	贈与税	相続税の総額	相続税の総額	相続税の総額	相続税の総額

※2020年5月試験は、新型コロナウイルスの感染拡大により中止となりました。

		2021・1	2021・5	2021・9	2022・1	2022・5
ライフプランニング・資金計画	テーマ	遺族年金	老後資金の準備	遺族年金	老後資金の準備	早期退職と開業
	語群選択	公的年金からの遺族給付	国民年金・国民年金基金	公的年金からの遺族給付、遺族年金生活者支援給付金	高年齢雇用継続基本給付金、退職後の健康保険	退職後の国民年金、保険料の免除
	○×式	遺族給付の各種取扱い	公的年金制度等の各種取扱い	遺族給付、障害給付	公的年金からの老齢給付	個人事業主になった場合の老後資金の準備
	計算問題	遺族厚生年金の年金額	老齢基礎年金、老齢厚生年金の年金額	遺族厚生年金の年金額	老齢基礎年金、老齢厚生年金の年金額	退職して個人事業手となった場合の、65歳からの老齢厚生年金の年金額
金融資産運用	テーマ	株式投資	株式投資	株式投資	株式投資	株式投資
	語群選択	――	――	――	――	――
	○×式	株式の投資指標等	株式投資の留意点	株式の投資指標等	株式投資の留意点	日本の証券市場
		NISA	つみたてNISA	NISA	株式投資全般	つみたてNISA
	計算問題	ROE・PER	ROE・配当利回り	ROE・PBR	ROE・配当利回り	ROE・配当性向
タックスプランニング	テーマ	定年退職	所得税	住宅取得	定年退職	所得税
	語群選択	――	青色申告	住宅借入金等特別控除	――	――
	○×式	配偶者控除、扶養控除	所得税の課税	住宅取得等資金の贈与の特例、住宅借入金等特別控除	基礎控除、配偶者控除、扶養控除	損益通算、雑所得、青色申告
	計算問題	退職所得の金額	所得税	所得税	退職所得の金額	所得控除、セルフメディケーション税制
		一時所得の金額、総所得金額			一時所得の金額、総所得金額	雑所得の金額、総所得金額
不動産	テーマ	相続した土地の活用	相続した土地の活用	相続した土地の活用	相続した土地の活用	賃貸マンション経営
	語群選択	――	――	――	事業用定期借地権	――
	○×式	事業用定期借地権	居住用財産に係る譲渡所得の特別控除の特例	自己建設方式	被相続人の居住用財産（空き家）を売ったときの特例	自己建設方式による賃貸マンション事業
		被相続人の居住用財産（空き家）を売ったときの特例	等価交換方式	賃貸事業開始後の相続税評価		賃貸マンション事業のリスク対策
	計算問題	建築面積、延べ面積	建築面積、延べ面積	建築面積、延べ面積	建築面積、延べ面積	建築面積、延べ面積
相続・事業承継	テーマ	相続	相続・生前贈与	相続	生前贈与・相続	相続
	語群選択	相続開始後の手続等	――	遺留分、小規模宅地等の特例	――	準確定申告、配偶者の税額軽減、小規模宅地等の特例
	○×式	相続税全般	遺言、遺留分、小規模宅地等の特例	遺言、遺留分	相続時精算課税制度	相続税額の２割加算、自社株式の評価、相続税の総額
					相続税全般	
	計算問題	相続税の総額	贈与税	相続税の総額	生前贈与	相続税の総額
			相続税の総額			

		2022・9	2023・1	2023・5	2023・9	2024・1
ライフプランニング・資金計画	テーマ	**遺族年金・介護保険**	**老後資金の準備**	**遺族給付・障害給付**	**老後資金の準備**	**老後資金の準備**
	語群選択	遺族基礎年金、遺族年金生活者支援給付金	国民年金の付加保険料、国民年金基金	公的年金からの遺族給付、遺族年金生活者支援給付金	個人型確定拠出年金	国民年金基金
	○×式	公的介護保険の保険給付等	公的年金制度等の各種取扱い	遺族給付、障害給付	老齢基礎年金の繰下げ支給、国民年金の学生納付特例、個人型確定拠出年金の死亡一時金	国民年金の付加保険料、老齢年金の繰下げ支給、小規模企業共済制度
	計算問題	遺族厚生年金の年金額	老齢基礎年金、老齢厚生年金の年金額	遺族厚生年金の年金額	老齢基礎年金、老齢厚生年金の年金額	老齢基礎年金、老齢厚生年金の年金額
金融資産運用	テーマ	**株式投資**	**債券・外貨預金**	**株式投資**	**株式投資・投資信託**	**株式投資・債券**
	語群選択	――	――	――	――	――
	○×式	株式の投資指標	社債の格付、利子額、課税	株式取引のルール	PER、特定口座、権利の確定	株式の投資指標
		NISA	外貨預金の留意点	株式の投資指標	信託報酬、ドルコスト平均法、分配金	株式・債券の売買等に係る税金
	計算問題	ROE、PER	債券・外貨預金の利回り	PER・PBR	ROE、配当利回り	社債の利回り
タックスプランニング	テーマ	**住宅取得**	**所得税**	**所得税**	**所得税**	**所得税**
	語群選択	住宅借入金等特別控除	医療費控除	青色申告	――	所得控除
	○×式	住宅借入金等特別控除	所得控除	不動産所得の損失の損益通算、配偶者控除、扶養控除	不動産所得の損失の繰越控除、社会保険料控除、配偶者控除・扶養控除	退職所得への課税、特定口座内で生じた損失の繰越控除、所得金額調整控除額
	計算問題	所得税	給与所得の金額、総所得金額	所得税	退職所得の金額	雑所得の金額、総所得金額
					給与所得の金額、総所得金額	
不動産	テーマ	**空き家の活用**	**土地の活用**	**賃貸マンション経営**	**土地の活用**	**土地の活用**
	語群選択	被相続人の居住用財産（空き家）に係る譲渡所得の特別控除の特例	――	――	――	――
	○×式	建設協力金方式	相続税評価	マスターリース契約、NOI利回り	居住用財産の譲渡、借地借家法	定期借地権方式
			トランクルーム経営の留意点	賃貸マンションを建築する場合の課税	建設協力金方式、賃貸事業開始後の相続税評価	定期借地権方式での有効活用における課税
	計算問題	建築面積、延べ面積	建築面積、延べ面積	建築面積、延べ面積	建築面積、延べ面積	建築面積、延べ面積
相続・事業承継	テーマ	**相続**	**相続**	**相続**	**相続**	**相続**
	語群選択	遺留分、小規模宅地等の特例、養子縁組	――	準確定申告、配偶者の税額軽減、小規模宅地等の特例	遺留分、小規模宅地等の特例、相続税の申告	遺留分、配偶者に対する相続税額の軽減、小規模宅地等の特例
	○×式	直系尊属から教育資金の一括贈与を受けた場合の贈与税の非課税	遺産分割、遺留分、小規模宅地等の特例	相続開始後の手続き、死亡退職金への課税	不動産賃貸業の法人化	遺言
			直系尊属から住宅取得資金の贈与を受けた場合の贈与税の非課税			
	計算問題	相続税の総額	相続税の総額	相続税の総額	相続税の総額	相続税の総額

本書の使い方

●学習範囲

本書は、金融財政事情研究会の実技試験「個人資産相談業務」で出題される可能性の高い分野についてまとめています。

●構成

「ライフプランニングと資金計画」「金融資産運用」「タックスプランニング」「不動産」「相続・事業承継」の分野の順に出題可能性の高い項目で構成しています。

各項目は次のようにまとめています。

(1) 「重要ポイント」のページ

実務試験の問題を解く上で必要となる重要ポイントをまとめています。

また、右上に欄を設け、出題可能性の高さに応じて★印を付けました。

★★★：出題される可能性が非常に高い
★★　：出題される可能性が高い
★　　：出題される可能性がある

(2) 「演習問題」のページ

「重要ポイント」のページにまとめた項目についての問題を掲載し、右欄にチェックポイントと正解を掲載しています。また、重要度の高い項目や理解しづらいと思われる項目については、さらにチャレンジ問題として過去問を中心に掲載しています（「解答と解説」は巻末にまとめています）。

●試験問題における復興関連税制の取扱いについて

試験で、所得税の税率等に関係する問題が出題される場合、復興特別所得税を考慮する場合と考慮しない場合があります。対応としては、重要な所得税率については、復興特別所得税を含まない税率をしっかりと覚えて、あとは所得税については2013年から25年間は2.1％の復興特別所得税が加算される、ということを理解しておけばよいと思われます。

例えば、預貯金の利子に対しては、所得税15％＋住民税５％＝20％の税率で源泉分離課税されますが、復興特別所得税を考慮すると、所得税15.315％（15％×1.021）＋住民税５％＝20.315％の税率となります。

〈重要ポイント・演習問題編〉

A　ライフプランニングと資金計画

B　金融資産運用

C　タックスプランニング

D　不動産

E　相続・事業承継

1．複利計算を簡便に行う6つの係数

重要度 ★★

出題傾向	●学科試験や協会の実技試験ではよく出題されているが、金財の実技試験でもときどき出題されているので、どういう場合に、どの係数を使うかをきちんと覚えておく。

●６つの係数●

ライフプランニングやリタイアメントプランニングなどを行う場合に、６つの係数を使うと簡便に必要な額が算出できる。

諸係数	どういうときに使うか	(例)10年、２％の場合の係数
終価係数	現在の金額を複利運用した場合の将来の金額を求める	1.2190
現価係数	将来の目標金額を得るために現在必要な金額を求める	0.8203
年金終価係数	毎年一定金額を積み立てた時将来いくらになるかを求める	10.9497
減債基金係数	将来の目標金額を達成するために、毎年いくらずつ積み立てればよいかを求める	0.0913
年金現価係数	将来一定期間にわたり一定額を受け取るための現在必要な金額を求める	8.9826
資本回収係数	手持ちの資金を複利運用しながら、毎年いくら取り崩せるかを求める	0.1113

●使い方●

１．終価係数

・100万円を年利率２％で複利運用すると、10年後にはいくらになるか
1,000,000円×1.2190＝1,219,000円
・教育費の上昇率を２％とすると、現在150万円となっている大学入学時の学費等は、10年後いくらになるか
1,500,000円×1.2190＝1,828,500円

２．現価係数

・10年後に100万円としたい。年利率２％で複利運用した場合、今いくら預ければよいか
1,000,000円×0.8203＝820,300円

３．年金終価係数

・毎年100万円を年利率２％で10年間積み立てた場合、10年後にはいくらになるか
1,000,000円×10.9497＝10,949,700円

４．減債基金係数

・10年間で1,000万円を貯めたい。年利率２％で複利運用した場合、毎年いくら積み立てればよいか
10,000,000円×0.0913＝913,000円

５．年金現価係数

・毎年100万円ずつの年金を10年間受け取りたい。年利率２％で複利運用した場合、今いくら預ければよいか
1,000,000円×8.9826＝8,982,600円

６．資本回収係数

・1,000万円を年利率２％で運用しながら、10年間年金として取り崩す場合、毎年の年金の額はいくらになるか
10,000,000円×0.1113＝1,113,000円
・1,000万円の住宅ローンを借りた場合（金利２％、返済期間10年）、年間ローン返済額はいくらになるか
10,000,000円×0.1113＝1,113,000円

【問　題】 各種係数を用いて、下記の①～⑧に答えなさい。

〈参考〉係数早見表（年利2.0％）

年数	終価係数	現価係数	減債基金係数	資本回収係数	年金終価係数	年金現価係数
10年	1.219	0.820	0.091	0.111	10.950	8.983
20年	1.486	0.673	0.041	0.061	24.297	16.351

① Aさんは、老後の生活資金として1,800万円を用意した。年利2.0％で複利運用をしながら20年間で取り崩す場合、毎年いくらずつ受け取れるか。①

② Bさんは、10年後に住宅購入する夢があり、購入資金のうち1,400万円を現金で用意したい。毎年、年利2.0％で複利運用するとした場合、現在いくらあればよいか。②

③ Cさんは、住宅リフォーム資金としてこれから毎年末に１回ずつ積み立てて、10年後に700万円を用意したいと考えている。その間、年利2.0％で複利運用するとした場合、毎年いくらずつ積み立てればよいか。③

④ Dさんは、退職後20年間、毎年150万円ずつ取り崩していきたいと考えている。年利2.0％で複利運用するとした場合、１年目の初めにそのための資金としていくらあればよいか。④

⑤ ④のDさん（40歳）は、現在1,200万円の金融資産を保有している。今後20年間年利2.0％で複利運用できるとすると、20年後にはいくらになるか。⑤

⑥ ④の金額から⑤の金額を引いた金額が、Dさんが退職までの20年間で準備しなければならない金額である。年利2.0％で複利運用できるとして、Dさんは毎年いくら積立をすればよいか。⑥（円未満切り捨て）

⑦ Eさんは、教育資金の準備として、毎年36万円の積立てをすることにした。これを年利2.0％で複利運用した場合、10年後の合計額はいくらか。⑦

⑧ Fさんは、事業資金として800万円を借り入れた。10年間、年利2.0％で毎年年末に元利均等で返済をする場合、毎年の返済額はいくらになるか。⑧

チェックポイント

①資本回収係数を使う。

②現価係数を使う。

③減債基金係数を使う。

④年金現価係数を使う。

⑤終価係数を使う。

⑥減債基金係数を使う。

⑦年金終価係数を使う。

⑧資本回収係数を使う。

正解

① 1,800万円×0.061＝1,098,000円　　①答え：1,098,000円

② 1,400万円×0.820＝11,480,000円　　②答え：11,480,000円

③ 700万円×0.091＝637,000円　　③答え：637,000円

④ 150万円×16.351＝24,526,500円　　④答え：24,526,500円

⑤ 1,200万円×1.486＝17,832,000円　　⑤答え：17,832,000円

⑥ 24,526,500円－17,832,000円＝6,694,500円
6,694,500円×0.041＝274,474円　　⑥答え：274,474円

⑦ 36万円×10.950＝3,942,000円　　⑦答え：3,942,000円

⑧ 800万円×0.111＝888,000円　　⑧答え：888,000円

チャレンジ問題

解答・解説は138ページ

【設問】　下記の【問題１】～【問題５】について解答しなさい。

〈設例〉

下記の〈係数早見表〉を使用し、各問について計算しなさい。なお、税金は一切考慮しないこととする。また、計算結果については円未満を四捨五入し、解答に当たっては、解答用紙に記載されている単位に従うこととする。

〈係数早見表（年利1.0%）〉

	終価係数	現価係数	減債基金係数	資本回収係数	年金終価係数	年金現価係数
１年	1.010	0.990	1.000	1.010	1.000	0.990
２年	1.020	0.980	0.498	0.508	2.010	1.970
３年	1.030	0.971	0.330	0.340	3.030	2.941
４年	1.041	0.961	0.246	0.256	4.060	3.902
５年	1.051	0.951	0.196	0.206	5.101	4.853
６年	1.062	0.942	0.163	0.173	6.152	5.795
７年	1.072	0.933	0.139	0.149	7.214	6.728
８年	1.083	0.923	0.121	0.131	8.286	7.652
９年	1.094	0.914	0.107	0.117	9.369	8.566
10年	1.105	0.905	0.096	0.106	10.462	9.471
15年	1.161	0.861	0.062	0.072	16.097	13.865
20年	1.220	0.820	0.045	0.055	22.019	18.046
25年	1.282	0.780	0.035	0.045	28.243	22.023
30年	1.348	0.742	0.029	0.039	34.785	25.808

【問題１】　荒木さんは、４年後に住宅購入を予定しており、購入資金のうち1,400万円を現金で用意したい。毎年、年利1.0%で複利運用するとした場合、現在いくらあればよいか。

答え　［　　　　　　円］

【問題２】　福沢さんは、毎年48万円の積立てをすることにした。年利1.0%の複利運用とした場合、20年後の合計額はいくらになるか。

答え　［　　　　　　円］

【問題３】　木之内さんは、老後の準備資金として、これから毎年末に１回ずつ積み立てて25年後に1,700万円を用意したいと考えている。その間、年利1.0%で複利運用するとした場合、毎年いくらずつ積み立てればよいか。

答え　［　　　　　　円］

【問題４】 Ａさんから、「60歳の定年退職後も再就職ができるのであれば検討したいが、８年後の65歳には完全にリタイアしたい。今後、リタイアまでの８年間で新たに800万円を貯蓄するためには、毎年いくら積み立てなければならないか教えてほしい」と依頼された。

仮に、いまから８年間、年利１％で複利運用できるとした場合、元利合計800万円を貯蓄するためには、毎年いくらずつ積み立てなければならないか。下記係数表から適切な係数を１つ利用して、積立額を求めなさい。税金や手数料等は考慮せず、計算過程を示し、答えは円単位とすること。

〈年利1.0％による各種係数〉

期間	現価係数	減債基金係数	資本回収係数
８年	0.923	0.121	0.131

答え 　　　　　円

【問題５】 Ａさんから、「私が65歳になるまでの10年間に1,500万円を貯蓄し、60歳時に支給を受ける退職金とその運用益を含め、4,000万円を老後資金とする計画である。私の65歳以降の余命を18年（夫婦ともに存命）とすると、毎年使える金額はどのくらいか教えてほしい」との相談を受けた。次の①、②の金額を求めなさい。下記係数表を利用し、計算過程を示すこと。また、答えは万円単位（万円未満四捨五入）とすること。

〈係数表〉　　　　　　　　　　（利率：２％）

期間	減債基金係数	資本回収係数
10	0.09133	0.11133
18	0.04670	0.06670

①今後10年間に1,500万円を貯蓄するためには、年２％で複利運用するものとした場合、毎年の積立額はいくら必要か。

②夫婦ともに存命の18年間に、Ａさん65歳時の予定老後資金4,000万円のうちの2,500万円を、年２％で複利運用しながら毎年均等に使った場合、１年間に使える金額はいくらか。

答え ①　　　　万円 ②　　　　万円

2. 老齢年金

重要度
★★★

出題傾向	●公的年金については出題される可能性が非常に高い。 ●老齢厚生年金の計算はしっかりとできるようにしておくこと。

●公的年金制度の体系●

公的年金制度は１階部分に国民年金があり、２階部分には厚生年金がある。共済年金は2015年10月から厚生年金に統一された。

<table>
<tr><td></td><td></td><td>厚生年金
〈2015年10月から共済年金は厚生年金に統一〉
（保険料は標準報酬月額・標準賞与額に保険料率を乗じて計算（労使折半））</td></tr>
<tr><td colspan="3">国民年金
（基礎年金・2024年度の保険料は月額16,980円）</td></tr>
<tr><td>日本国内に住所を有する20歳以上60歳未満の自営業者などやその配偶者、学生など</td><td>第２号被保険者に扶養（年収130万円未満）される20歳以上60歳未満の配偶者</td><td>民間サラリーマン（厚生年金の適用事業所に常時使用される70歳未満の人）、公務員等</td></tr>
<tr><td>第１号被保険者</td><td>第３号被保険者</td><td>第２号被保険者</td></tr>
</table>

●各年金制度からの給付内容●

制度	65歳になったとき	障害状態になったとき	死亡したとき
国民年金	**老齢基礎年金**	障害基礎年金	**遺族基礎年金**
厚生年金	**老齢厚生年金**	障害厚生年金	**遺族厚生年金**

●老齢基礎年金の受給資格●

①保険料納付済期間＋②保険料免除期間＋③合算対象期間（カラ期間）≧**10年**（注） （注）受給資格期間は、従来は25年であったが、2017年８月以後、10年に短縮された。

①保険料納付済期間	・第１号被保険者が保険料を納付した期間、第２号被保険者の20歳以上60歳未満の期間、第３号被保険者の期間
②保険料免除期間	・第１号被保険者が保険料を納めることが経済的に難しく、保険料の免除を受けた期間。法定免除と申請免除がある ・全額免除、４分の３免除、半額免除、４分の１免除がある ・一定の期間が年金額に反映される
③合算対象期間（カラ期間）	・受給資格期間には反映されるが、年金額には反映されない期間 ・サラリーマンの妻が1961年４月から1986年３月までの期間で任意加入しなかった期間、**学生納付特例制度**や**保険料納付猶予制度**（50歳未満で本人および配偶者の所得が一定額以下）を利用し追納しなかった期間などがある

※保険料免除や納付猶予になった期間は、受給資格期間には算入されるが、年金額は低額となる（下記参照）。年金額を増やすには、保険料を後から納める（追納）必要がある。追納できる期間は10年間。

●老齢基礎年金の年金額●

老齢基礎年金の年金額は、基本的には、次のように計算される。

$$\text{満額の年金額（※）} \times \frac{\textbf{保険料納付済月数}}{\textbf{480月}}$$

（※）2024年度は、**1956年４月２日以降生まれの人は816,000円、1956年４月１日以前生まれの人は813,700円**

ただし、保険料免除期間がある場合、次の期間が分子に加算されます。

・**2009年３月以前：全額免除月数×⅓**＋¾免除月数×½＋半額免除月数×⅔＋¼免除月数×⅚

・**2009年４月以降：全額免除月数×½**＋¾免除月数×⅝＋半額免除月数×¾＋¼免除月数×⅞

原則（65歳支給）：保険料納付期間40年（480月）で、**1956年４月２日以降生まれの人は816,000円、1956年４月１日以前生まれの人は813,700円**（2024年度）。保険料納付期間の不足に応じて減額される。
第１号被保険者は、付加保険料（**月400円**）を納付すれば「**納付済月数×200円**」の付加年金が上乗せされる（付加年金を２年間受給すれば納付した付加保険料総額と同額になる）

繰上げ支給	60歳以上65歳未満で繰り上げて支給を受けることができる。1962年４月１日以前生まれの人の場合、年金額は繰り上げた月数に応じて１ヵ月当たり**0.5%減額**される。1962年４月２日以降生まれの人は、１ヵ月当たり**0.4%減額**される。
繰下げ支給	66歳以降（75歳以下。1952年４月１日以前生まれの人は70歳まで。）で繰り下げて支給を受けることができる。年金額は繰り下げた月数に応じて１ヵ月当たり**0.7%増額**される

●老齢厚生年金の受給資格●

①老齢基礎年金の受給資格期間を満たしていること（10年以上） ②厚生年金の被保険者期間が**１ヵ月以上**あること 65歳前に支給される「特別支給の老齢厚生年金」は、厚生年金の被保険者期間が**１年以上**あること

●特別支給の老齢厚生年金の支給開始年齢の引き上げ●

老齢厚生年金は、本来65歳から支給されることになっているが、経過的措置として現在、65歳前から「特別支給の老齢厚生年金」が支給されている。

「特別支給の老齢厚生年金」は、「定額部分」(65歳以後の老齢基礎年金に相当)と「報酬比例部分」(65歳以後の老齢厚生年金に相当)で構成されるが、それぞれ段階的に支給開始年齢が引き上げられ、1961年4月2日以後生まれの男性から、本来の65歳支給となる。

支給開始	〈生年月日・男性〉	
60歳:報酬比例部分/定額部分 → 65歳:老齢厚生年金/老齢基礎年金	1941年4月1日以前	従来の支給形態 (注)女性は5年遅れてスタート
報酬比例部分/定額部分 → 老齢厚生年金/老齢基礎年金	1941年4月2日〜1949年4月1日	定額部分の支給開始年齢が段階的に引き上げられる
報酬比例部分 → 老齢厚生年金/老齢基礎年金	1949年4月2日〜1953年4月1日	定額部分の支給がなくなる
61歳:報酬比例部分 → 老齢厚生年金/老齢基礎年金	1953年4月2日〜1955年4月1日	報酬比例部分の支給開始が3年ごとに1歳ずつ引き上げられる
62歳 → 老齢厚生年金/老齢基礎年金	1955年4月2日〜1957年4月1日	
63歳 → 老齢厚生年金/老齢基礎年金	1957年4月2日〜1959年4月1日	
64歳 → 老齢厚生年金/老齢基礎年金	1959年4月2日〜1961年4月1日	
65歳:老齢厚生年金/老齢基礎年金	1961年4月2日以降生まれ	60歳台前半の年金は原則として支給されない

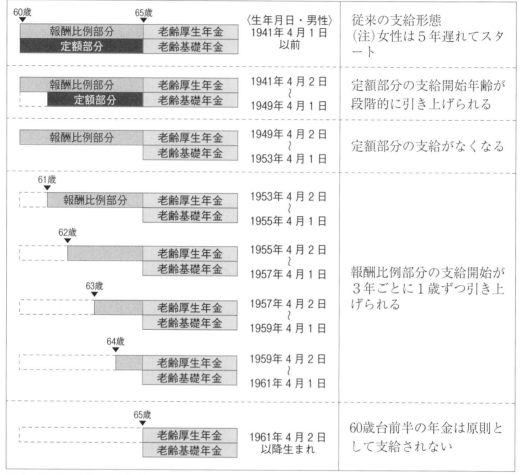

(注)女性の支給開始年齢は、男性より5年遅れて引き上げられている。

●在職老齢年金●

内容	60歳以降も在職(厚生年金の被保険者)する場合、年金額が減額される
60歳台前半	60歳台前半の在職老齢年金の場合、本来もらえる年金と報酬(総報酬月額相当額)の合計額が**50万円**を超えると年金額が一部または全部支給停止される。高年齢雇用継続給付を受給する場合は、在職老齢年金がさらに支給調整(減額)される
60歳台後半	65歳〜69歳の厚生年金の被保険者についても、年金額が減額される。減額は、60歳台前半の減額と同様。老齢基礎年金は全額支給される
70歳台	60歳台と同じ仕組みで減額される。ただし、厚生年金保険料の負担はなし
その他	60歳以後、自営業を営む場合は、所得の多寡にかかわらず年金は全額支給される

●老齢厚生年金の受給形態●（1959年４月２日～1961年４月１日生まれの男性の場合）

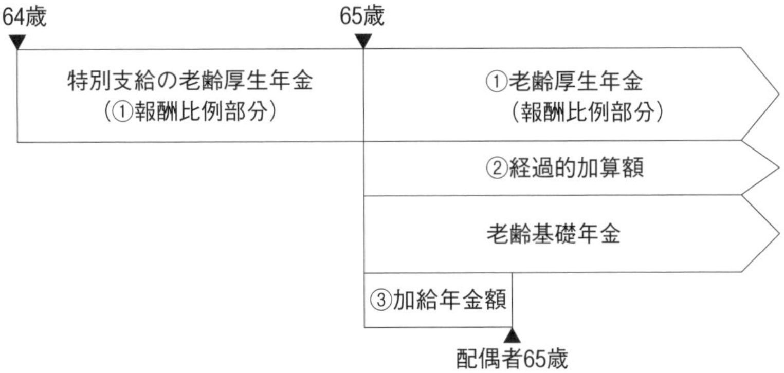

①報酬比例部分	・老齢基礎年金の受給期間を満たした人に、厚生年金の加入期間が１年以上あれば65歳前から支給される。部分年金とも呼ぶ。 ・在職中の報酬と加入期間に応じて年金額を計算。 ・65歳になると「老齢厚生年金」に切り替わる。
②経過的加算額	・1949年４月１日生まれまでの男性には65歳になるまで定額部分と呼ばれる年金が支給されていた。その額と老齢基礎年金の差額を支給するのが経過的加算と呼ばれる部分。現在、定額部分の支給はなくなったが、経過的加算には20歳未満、60歳以後の厚生年金加入期間も反映されるので、そうした期間がある人には相応の金額が加算されることもある。
③加給年金額	・被保険者期間が原則として**20年（240月）**以上あり、生計を維持する**65歳未満の配偶者**や18歳到達年度の末日までの子がいれば支給される。 ・配偶者が65歳になると、加給年金額の支給は打ち切られるが、このとき配偶者が老齢基礎年金を受けられる場合には、配偶者（1966年４月１日以前生まれ）の老齢基礎年金に「**振替加算**」が加算される。

●老齢厚生年金（報酬比例部分）の計算●

老齢厚生年金の報酬比例部分の額は、2003年４月より総報酬制が導入されたことにより、次のようにして計算する。

報酬比例部分の額＝A＋B

A：平均標準報酬月額×9.5／1,000～7.125／1,000（注１）×2003年３月までの被保険者期間の月数

B：平均標準報酬額（注２）×7.308／1,000～5.481／1,000（注３）×2003年４月以後の被保険者期間の月数

（注１）乗率は生年月日により異なるが、1946年４月２日以後生まれは**7.125／1,000**

（注２）平均標準報酬額とは、2003年４月以後の再評価された標準報酬月額と標準賞与額の総額を2003年４月以後の被保険者期間の月数で割って算出したもの

（注３）乗率は生年月日により異なるが、1946年４月２日以後生まれは**5.481／1,000**

経過的加算額＝1,701円（注１）（厚生年金の定額単価）×被保険者期間の月数（上限480月）

$$-816{,}000\text{円（注２）}\times\frac{\text{1961年4月以降で20歳以上60歳未満の厚生年金保険の被保険者期間の月数}}{\text{加入可能年数（40年）}\times 12}$$

（注１）1956年４月２日以降生まれの場合。1956年４月１日以前生まれの人は1,696円

（注２）1956年４月２日以降生まれの場合。1956年４月１日以前生まれの人は813,700円

【設問】　下記の【問1】～【問2】に答えなさい。

【問1】　Aさんが60歳でX社を定年退職し、その後再就職等をしない場合に、原則として支給開始年齢から受給することができる特別支給の老齢厚生年金の年金額を、2024年度価額（本来水準の年金額）に基づいて求めなさい。計算にあたっては、《設例》および下記の〈資料〉を利用すること。計算過程を示し、〈答〉は円単位とすること。また、端数処理については、円未満を四捨五入とすること。

①1960年10月生まれのAさん（男性）は、64歳から特別支給の老齢厚生年金として、報酬比例部分相当の年金を支給される。

≪設例≫

Aさん（1960年10月10日生まれの男性）の公的年金の加入歴（見込みを含む）

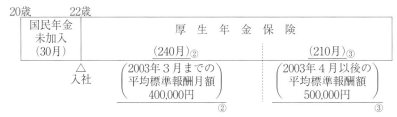

20歳　　22歳

国民年金 未加入 （30月）	厚　生　年　金　保　険	
	（240月）②	（210月）③
△ 入社	2003年3月までの 平均標準報酬月額 400,000円　　②	2003年4月以後の 平均標準報酬額 500,000円　　③

〈資料〉

特別支給の老齢厚生年金の計算式

報酬比例部分の額＝①＋②

　①2003年3月以前の期間分

　　平均標準報酬月額 $\times \dfrac{7.125}{1,000} \times$ 2003年3月以前の被保険者期間の月数

　②2003年4月以後の期間分

　　平均標準報酬額 $\times \dfrac{5.481}{1,000} \times$ 2003年4月以後の被保険者期間の月数

②総報酬制導入前（2003年3月以前）は平均標準報酬月額を用いて計算する。

③総報酬制導入後（2003年4月以後）は賞与も含めた平均標準報酬額を用いて計算する。

【問２】 専業主婦の井上さん（1964年４月３日生まれ）は、60歳になったら、老齢基礎年金の繰上げ請求をしたいと考えている。井上さんが60歳になる2024年４月中に繰上げ請求④した場合、受給できる額を求めなさい。

〈井上さんの国民年金加入歴〉

第３号被保険者	1994年４月～2024年３月	30年（360月）

⑤

※保険料免除期間および未納付期間はないものとする。

〈資料〉

・老齢基礎年金　　2024年度価額（満額）816,000円

・年金額の端数処理　円未満四捨五入とする。

チェックポイント

④繰上げした場合、繰上げした月数に応じて１ヵ月当たり0.4％年金額が減額される。60歳誕生月での繰上げなので、60ヵ月（12月×５年）繰上げすることになる。したがって、0.4％×60ヵ月＝24％減額される。

年金制度改正により、1962年４月２日以後生まれの人は減額率が１ヵ月当たり0.4％になった。

⑤保険料納付済期間は第３号被保険者期間の360月。

正解

【問１】 〈答え〉 1,259,505円

①：400,000円×7.125／1,000×240月＝684,000円

②：500,000円×5.481／1,000×210月＝575,505円

①＋②＝1,259,505円

【問２】 〈答え〉 453,150円

816,000円×360月／480月＝612,000円

612,000円×｛1－(0.4％×60月)｝＝465,120円

チャレンジ問題

解答・解説は138ページ～

【設問】次の設例に基づいて、下記の【問題６】～【問題７】に答えなさい。

〈設例〉

〈ＡさんおよびＢさんに関する資料〉

（１）Ａさん

生年月日：1960（昭和35）年10月３日

〔公的年金の加入歴〕

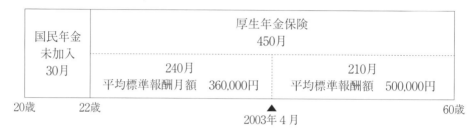

国民年金 未加入 30月	厚生年金保険 450月	
	240月 平均標準報酬月額　360,000円	210月 平均標準報酬額　500,000円

20歳　22歳　▲2003年４月　60歳

（２）妻Ｂさん（専業主婦）

生年月日：1962（昭和37）年５月27日

20歳からＡさんと結婚をするまでは、国民年金の第１号被保険者として保険料を納付、結婚後は、第３号被保険者として国民年金に加入。

※妻Ｂさんは、現在および将来においてもＡさんと同居し、生計維持関係にある。

※Ａさんおよび妻Ｂさんは、現在および将来においても公的年金制度における障害等級に該当する障害の状態にないものとする。

※上記以外の条件は考慮せず、各問に従うこと。

【問題 6】 ファイナンシャル・プランナーは、Aさんに係る公的年金制度からの老齢給付の概略を下図により説明した。次の記述の空欄①～③に入る最も適切な語句または数値を、下記の〈語句群〉のイ～リのなかから選びなさい。なお、問題の性質上、明らかにできない部分は□□□で示してある。

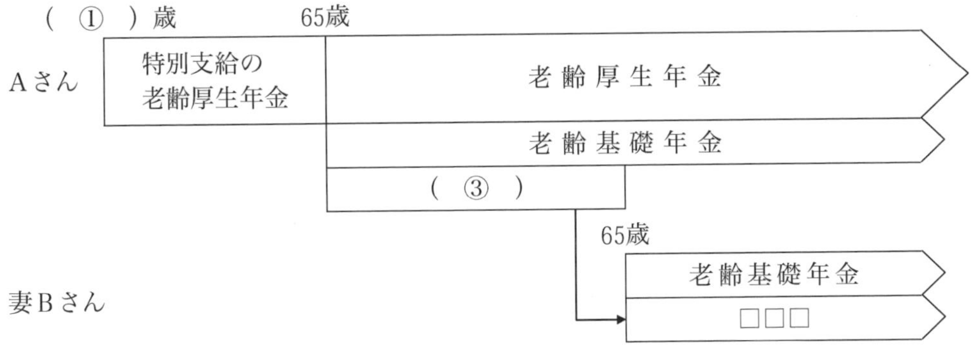

Aさんは、原則として、(①) 歳から報酬比例部分のみの特別支給の老齢厚生年金を受給することができ、65歳から老齢基礎年金および老齢厚生年金を受給することができる。

また、Aさんの厚生年金保険の被保険者期間の月数は (②) 月以上あり、かつ、所定の要件を満たす配偶者（妻Bさん）がいることから、Aさんが65歳から受給することができる老齢厚生年金には、配偶者が65歳に達するまでの間、(③) が加算される。

〈語句群〉

イ．62	ロ．63	ハ．64	ニ．120
ホ．180	ヘ．240	ト．経過的加算額	チ．加給年金額
リ．中高齢加算額			

答え

①		②		③	

【問題７】 Ａさんが60歳でＸ社を定年退職後、再就職しなかった場合、原則として支給開始年齢から受給することができる特別支給の老齢厚生年金の年金額を、2024年度価額に基づいて求めなさい。計算にあたっては、設例および下記の〈資料〉を利用すること。計算過程を示し、〈答〉は円単位とすること。

また、端数処理については、円未満を四捨五入とすること。

＜資料＞

特別支給の老齢厚生年金の計算式

報酬比例部分の額＝①＋②

①2003年３月以前の期間分

平均標準報酬月額×$\frac{7.125}{1,000}$×2003年３月以前の被保険者期間の月数

②2003年４月以後の期間分

平均標準報酬額×$\frac{5.481}{1,000}$×2003年４月以後の被保険者期間の月数

答え 　　　　円

【設問】 次の設例に基づいて、問題8に答えなさい。

〈設例〉

X株式会社（以下、「X社」という）に勤務するAさん（女性・59歳）は、市役所に勤務する長女Cさん（29歳）との2人暮らしである。長女Cさんの父親Bさんとは、長女Cさんが5歳のときに離婚している。

＜X社の継続雇用制度の雇用条件＞

・1年契約の嘱託雇用で、1日8時間（週40時間）勤務
・賃金月額は60歳到達時の70％（月額25万円）で賞与はなし
・厚生年金保険、全国健康保険協会管掌健康保険、雇用保険に加入

＜Aさんとその家族に関する資料＞

（1）Aさん（1965年10月13日生まれ、59歳、会社員）
・公的年金加入歴：下図のとおり（60歳定年時までの見込みを含む）
・全国健康保険協会管掌健康保険、雇用保険に加入している。

18歳	60歳
厚生年金保険	
240月	264月
（2003年3月以前の平均標準報酬月額28万円）	（2003年4月以後の平均標準報酬額40万円）

（2）長女Cさん（1995年12月27日生まれ、29歳、地方公務員）

※Aさんは、現在および将来においても、長女Cさんと同居し、生計維持関係にあるものとする。
※Aさんおよび長女Cさんは、現在および将来においても、公的年金制度における障害等級に該当する障害の状態にないものとする。

※年金額の計算は新規裁定者として行う。
※上記以外の条件は考慮せず、各問に従うこと。

【問題 8】 Aさんが、60歳でX社を定年退職し、その後再就職をせず、また、継続雇用制度も利用しない場合、原則として65歳から受給することができる老齢基礎年金および老齢厚生年金の年金額（2024年度価額）を計算した次の〈計算の手順〉の空欄①～④に入る最も適切な数値を解答用紙に記入しなさい。計算にあたっては、《設例》の〈Aさんとその家族に関する資料〉および下記の〈資料〉に基づくこと。なお、問題の性質上、明らかにできない部分は「□□□」で示してある。

〈計算の手順〉

1．老齢基礎年金の年金額（円未満四捨五入）

（ ① ）円

2．老齢厚生年金の年金額

（1）報酬比例部分の額　：（ ② ）円（円未満四捨五入）

（2）経過的加算額　：（ ③ ）円（円未満四捨五入）

（3）基本年金額（②＋③）　：　□□□円

（4）加給年金額（要件を満たしている場合のみ加算すること）

（5）老齢厚生年金の年金額　：（ ④ ）円

<資料>

○老齢基礎年金の計算式（4分の1免除月数、4分の3免除月数は省略）

$$816{,}000\text{円}\times\frac{\text{保険料納付済月数}+\text{保険料半額免除月数}\times\frac{○}{□}+\text{保険料全額免除月数}\times\frac{△}{□}}{480}$$

○老齢厚生年金の計算式（本来水準の額）

ⅰ）報酬比例部分の額（円未満四捨五入）＝ⓐ＋ⓑ

ⓐ2003年3月以前の期間分

$$\text{平均標準報酬月額}\times\frac{7.125}{1{,}000}\times\text{2003年3月以前の被保険者期間の月数}$$

ⓑ2003年4月以後の期間分

$$\text{平均標準報酬額}\times\frac{5.481}{1{,}000}\times\text{2003年4月以後の被保険者期間の月数}$$

ⅱ）経過的加算額（円未満四捨五入）＝1,701円×被保険者期間の月数

$$-816{,}000\text{円}\times\frac{\text{1961年4月以後で20歳以上60歳未満の厚生年金保険の被保険者期間の月数}}{480}$$

ⅲ）加給年金額

配偶者：408,100円（特別加算額を含む）

子：234,800円

答え

①	円	②	円	③	円	④	円

【設問】 次の設例に基づいて、下記の【問題９】に答えなさい。

〈設例〉

Ｂさん（女性）は、大学卒業以来勤めてきたＹ社を来年定年退職するが、退職後の年金について心配していたところ、日本年金機構から「ねんきん定期便」が送られてきた。

しかし、Ｂさんは年金についてほとんど知識がないため、ファイナンシャル・プランナーのＣさんに相談することにした。

なお、Ｂさんに関する資料等は、以下のとおりである。

〈Ｂさんに関する資料〉

・Ｂさん1964年３月10日生まれ
　厚生年金保険・健康保険に加入中
　60歳で定年退職する予定であるが、Ｙ社には65歳までの継続雇用制度がある。

【問題９】 ＢさんのＹ社には、60歳定年後の再雇用制度が導入されており、給与は大幅に減少するものの、定年後もＹ社に残ることができる。Ｂさんは、60歳以後もＹ社に残った場合、60歳台前半の老齢厚生年金が受給できるのかどうか、ＦＰのＣさんに尋ねた。Ｃさんが以下の〈資料〉に基づいて計算した在職老齢年金の支給額（月額）を求めなさい。なお、Ｂさんの60歳以降の標準報酬月額は410,000円で、年金月額（基本月額）は120,000円とする。また、賞与については考慮しないものとする。

〈資料：在職老齢年金の支給停止額〉

・総報酬月額相当額＋基本月額が50万円以下の場合
　総報酬月額相当額および基本月額にかかわらず、支給停止されない。
・総報酬月額相当額＋基本月額が50万円を超える場合
　支給停止額＝（総報酬月額相当額＋基本月額－50万円）×１／２

答え 　　　　　　円

3. 遺族年金

重要度 ★★

出題傾向	●遺族年金についても出題されることがある。

●遺族給付●

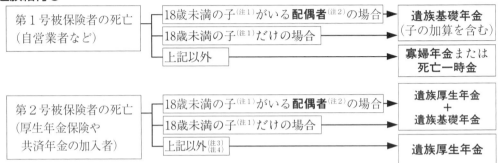

- 第1号被保険者の死亡（自営業者など）
  - 18歳未満の子(注1)がいる**配偶者**(注2)の場合 → **遺族基礎年金**（子の加算を含む）
  - 18歳未満の子(注1)だけの場合 → **遺族基礎年金**（子の加算を含む）
  - 上記以外 → **寡婦年金**または**死亡一時金**
- 第2号被保険者の死亡（厚生年金保険や共済年金の加入者）
  - 18歳未満の子(注1)がいる**配偶者**(注2)の場合 → **遺族厚生年金＋遺族基礎年金**
  - 18歳未満の子(注1)だけの場合 → **遺族厚生年金＋遺族基礎年金**
  - 上記以外(注3)(注4) → **遺族厚生年金**

（注1）「18歳未満」とは、**18歳到達年度の末日**までを指す。障害者の場合は20歳未満
（注2）従来、子がいる妻が支給対象で、夫（父子家庭）は対象外であったが、2014年4月1日以後は、子のいる夫も支給対象となった
（注3）妻・子の他、55歳以上の夫・父母・祖父母、18歳到達年度の末日までの孫も遺族厚生年金を受給できる（兄弟姉妹は対象外）
（注4）子のない妻（30歳未満）の遺族厚生年金は、5年間の有期年金
（注5）第3号被保険者が死亡した場合でも、要件を満たせば、遺族基礎年金が支給される

●遺族給付の支給条件と支給額●

年金の種類	主な支給条件	年金額（2024年度）
遺族基礎年金	・18歳到達年度の末日までの子がいること ・国民年金保険料を3分の1以上滞納していないこと、または死亡日前1年間に保険料の滞納がないこと（65歳未満に限る）	〈新規裁定者の額〉 ・基本額　816,000円 ・子の加算　1人234,800円（3人目以降は1人78,300円）
寡婦年金	・保険料納付済期間が10年以上あること ・婚姻関係が10年以上あること　・死亡一時金との選択	夫の老齢基礎年金の4分の3（60歳～65歳未満の間）
死亡一時金	・国民年金保険料を3年以上納付していること	納付期間等に応じて12万円～32万円
遺族厚生年金	・厚生年金保険の被保険者や老齢厚生年金の受給権者が死亡したとき	死亡者の老齢厚生年金（報酬比例部分）の**4分の3**
中高齢寡婦加算	・夫が亡くなったとき妻が40歳以上で子がない場合など、遺族厚生年金にプラスされる	〈新規裁定者の額〉 612,000円（40歳～65歳未満の間）
経過的寡婦加算	・遺族厚生年金を受けていた1956年4月1日以前生まれの妻が65歳に達したとき	〈既裁定者の額〉 610,300円～20,367円（生年月日で異なる）

※遺族厚生年金は、被保険者期間が300月未満の場合には、**300月とする最低保障**がある。

●遺族給付の支給例●

◎厚生年金加入中の夫の死亡。遺族は無職の妻（38歳）、子1人（10歳）

【問　題】 下記の設例に基づき、妻Bさんに支給される遺族厚生年金の年金額を求めなさい。なお、年金額は2024年度価額に基づくものとし、下記〈資料〉を利用すること。円未満は四捨五入すること。

〈設例〉
（1）Aさん（会社員）：2024年1月15日に病死
生年月日：1966年4月14日
〔公的年金の加入歴〕

国民年金未加入 36月	厚生年金保険 417月	
	168月 平均標準報酬月額 300,000円	249月 平均標準報酬額 400,000円

20歳　23歳　58歳

（2）妻Bさん（専業主婦・55歳）
（3）子2人は20歳以上の会社員

＜資料＞

※遺族厚生年金の計算式（2024年度価額）
遺族厚生年金の年金額＝基本額＋中高齢寡婦加算額
ｉ）基本額＝(①＋②)×△/□①
①2003年3月以前の期間分②
平均標準報酬月額×7.125/1,000×2003年3月以前の被保険者期間の月数
②2003年4月以後の期間分③
平均標準報酬額×5.481/1,000×2003年4月以後の被保険者期間の月数
ⅱ）中高齢寡婦加算額④612,000円（要件を満たしている場合のみ加算すること）
※問題の性質上、明らかにできない部分は「△」「□」で示してある。

チェックポイント

①遺族厚生年金の基本額は、報酬比例部分相当額の3／4。

②2003年3月以前の平均標準報酬月額は30万円、被保険者期間168月。

③2003年4月以後の平均標準報酬額は40万円、被保険者期間249月。

④中高齢寡婦加算額は、夫が死亡したときに子（18歳到達年度の末日までの間にあるか、20歳未満の障害を持つ子）のない40歳以上65歳未満の遺族基礎年金が受けられない妻に支給される。

正解 1,290,756円
①300,000円×7.125／1000×168月＝359,100円
②400,000円×5.481／1000×249月＝545,907.6円
(①＋②)×3／4＝678,756円（円未満は四捨五入）
※妻Bさんが受給できる遺族厚生年金の年金額：678,756円＋612,000円（中高齢寡婦加算額）＝1,290,756円

4. 障害年金

重要度
★

出題傾向	●受給できる要件や障害給付の種類などを覚える。

●障害給付●

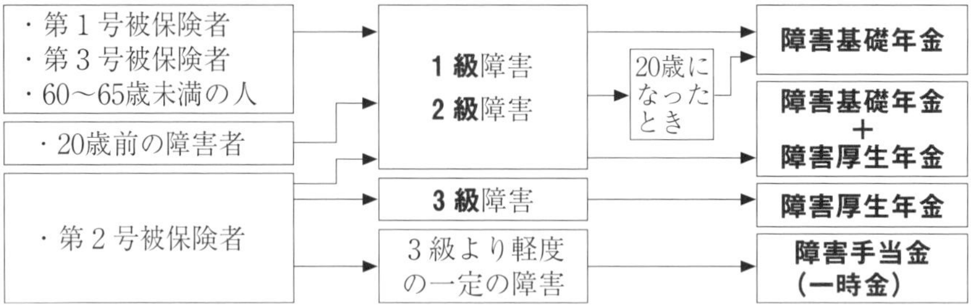

（注）年金額は、障害等級により異なる（下記参照）

●障害給付の支給条件●

要件	障害基礎年金	障害厚生年金
障害の認定要件	原則として初診日から１年６ヵ月であるが、１年６ヵ月以前に症状が固定した場合は、その日が障害認定日となる	
障害認定日要件	障害認定日において、障害等級１級または２級の障害状態にある	障害認定日において、障害等級１級～３級の障害状態にある。３級に至らない場合は、障害手当金（一時金）を支給
初診日要件	初診日に国民年金の被保険者。被保険者であった者で、日本国内に住所を有し、60歳～65歳未満	厚生年金保険の被保険者期間中に初診日があること
保険料納付要件	初診日の前日において、初診日の属する月の前々月までの被保険者期間の３分の２以上が保険料納付済期間と保険料免除期間で満たされていること 前記の特例として、初診日の前日において初診日の属する月の前々月までの１年間に保険料の滞納期間がないこと（65歳未満に限る）	

※20歳前障害者は、20歳になったときに障害基礎年金１級か２級に該当していれば支給（所得制限あり）

●障害年金の年金額●（2024年度・新規裁定者の場合）

障害の程度	障害基礎年金		障害厚生年金	
	基本額	子の加算額（18歳到達年度末まで）	基本額	配偶者加給年金額（65歳まで）
１級	816,000円×**1.25** ＝1,020,000円	１人目：　234,800円 ２人目：　234,800円 ３人目以降：78,300円	報酬比例の年金額×**1.25**	234,800円
２級	816,000円	同上	報酬比例の年金額	234,800円
３級	支給なし		報酬比例の年金額（最低保障：612,000円）	支給なし
障害手当金	支給なし		報酬比例の年金額×２（最低保障：1,224,000円）	支給なし

※障害厚生年金は、総加入月数が300月未満の場合には、被保険者期間を300月とする最低保障がある。

【問１】 ファイナンシャル・プランナーのＡさんが行った障害年金に関する以下の説明について、適切なものには○印を、不適切なものには×印を解答用紙に記入しなさい。

① 「国民年金の被保険者ではない20歳未満の期間に初診日および障害認定日があり、20歳に達した日において障害等級１級または２級に該当する程度の障害の状態にある者には、その者の所得にかかわらず、障害基礎年金が支給されます」①

② 「障害基礎年金の受給権者が、所定の要件を満たす配偶者を有する場合、その受給権者に支給される障害基礎年金には、配偶者に係る加算額が加算されます」②

③ 障害基礎年金の受給権者が、所定の要件を満たす子を有する場合、その受給権者に支給される障害基礎年金には、子に係る加算額が加算される。③

【問２】 Ａさんが障害年金の給付要件について説明した以下の文章について、空欄①～④に入る最も適切な語句を、下記の語句群イ～リのなかから選び、その記号を解答用紙に記入しなさい。

Ⅰ）「原則として、初診日から（　①　）後が障害認定日①となりますが、それ以前でも症状が固定した場合は、その日が障害認定日となります」

Ⅱ）「障害年金を受給するには、初診日の属する月の（　②　）までの被保険者期間の（　③　）以上が保険料納付済期間と保険料免除期間で満たされていることが必要②③です。ただし、この要件を満たせない場合の特例として、初診日の属する月の前々月までの（　④　）に保険料の滞納期間がなければ、保険料の納付要件を満たすものとされます」④

〈語句群〉

イ．３ヵ月　ロ．６ヵ月　ハ．１年６ヵ月　ニ．前月
ホ．前々月　ヘ．２ヵ月前　ト．２分の１　チ．３分の２
リ．１年間　ヌ．２年間

チェックポイント

①不適切。初診日および障害認定日が20歳未満の場合、保険料納付要件は問われないが、本人の所得制限が設けられている。

②不適切。障害等級１級または２級の障害厚生年金の受給権者が所定の要件を満たす配偶者を有する場合、その受給権者に支給される障害厚生年金には、加給年金額が加算される。障害基礎年金に加算されるのではない。

③適切。なお、子の加算額が加算されるのは、子の18歳到達年度の末までである。

正解
①　×
②　×
③　○

①障害認定日は、初診日の１年６ヵ月後が原則。

②③障害給付には、初診日の前日において初診日の属する月の前々月までの被保険者期間の３分の２以上が保険料納付済期間か保険料免除期間でなければならないという保険料納付要件がある。

④初診日の前日において初診日の属する月の前々月までの１年間に保険料の滞納がなければ特例が適用される（初診日が2026年３月末日までであることが必要）。

正解
①　ハ
②　ホ
③　チ
④　リ

チャレンジ問題

解答・解説は141ページ～

【設問】次の設例に基づいて、下記の【問題10】～【問題12】に答えなさい。

〈設例〉

会社員のAさん（44歳）は、妻Bさん（47歳）および長女Cさん（10歳）との３人暮らしである。Aさんは、妻Bさんの希望もあり、住宅ローンの返済や教育資金の準備など、今後の資金計画を再検討したいと考えている。その前提として、公的年金制度から支給される遺族給付や障害給付について知りたいと思っている。

＜Aさんとその家族に関する資料＞

（１）Aさん（1980年４月10日生まれ・会社員）

・公的年金加入歴：下図のとおり（2024年４月までの期間）

・全国健康保険協会管掌健康保険、雇用保険に加入中

20歳	22歳	44歳
国民年金	厚生年金保険	
保険料納付済期間（30月）	被保険者期間（36月）	被保険者期間（229月）
	（2003年３月以前の平均標準報酬月額24万円）	（2003年４月以後の平均標準報酬額36万円）

（２）妻Bさん（1977年６月22日生まれ・パート従業員）

・公的年金加入歴：20歳から22歳までの大学生であった期間（34月）は国民年金の第１号被保険者として保険料を納付し、22歳からAさんと結婚するまでの10年間（120月）は厚生年金保険に加入。結婚後は、国民年金に第３号被保険者として加入している。

・全国健康保険協会管掌健康保険の被扶養者である。

（３）長女Cさん（2014年７月７日生まれ）

※妻Bさんおよび長女Cさんは、現在および将来においても、Aさんと同居し、Aさんと生計維持関係にあるものとする。

※妻Bさんおよび長女Cさんは、現在および将来においても、公的年金制度における障害等級に該当する障害の状態にないものとする。

※上記以外の条件は考慮せず、各問に従うこと。

【問題10】 ファイナンシャル・プランナーのMさんは、Aさんに対して、Aさんが現時点（2024年４月12日）で死亡した場合に妻Bさんが受給することができる公的年金制度からの遺族給付および遺族年金生活者支援給付金について説明した。以下の文章の空欄①～④に入る最も適切な語句または数値を、下記の〈語句群〉のなかから選び、その記号を解答用紙に記入しなさい。なお、問題の性質上、明らかにできない部分は「□□□」で示してある。年金額についてはすべて新規裁定者の額とする。

Ⅰ「Aさんが現時点において死亡した場合、妻Bさんに対して遺族基礎年金および遺族厚生年金が支給されます。遺族基礎年金を受けられる遺族の範囲は、死亡した被保険者によって生計を維持されていた『子のある配偶者』または『子』です。『子』とは、（　①　）歳到達年度の末日までの間にあるか、□□□歳未満で障害等級１級または２級に該当する障害の状態にあり、かつ、現に婚姻していない子を指します。妻Bさんが受給することができる遺族基礎年金の額は（　②　）円（2024年度価額）となり、長女Cさんの（　①　）歳到達年度の末日終了により遺族基礎年金の受給権を失います。また、妻Bさんが遺族基礎年金を受給し、前年の所得が一定額以下である場合、妻Bさんは、遺族年金生活者支援給付金を受給することができ、その年額は（　③　）円（2024年度価額）となります」

Ⅱ「遺族厚生年金の額は、Aさんの厚生年金保険の被保険者記録を基礎として計算した老齢厚生年金の報酬比例部分の額の４分の３相当額になります。ただし、その計算の基礎となる被保険者期間の月数が（　④　）に満たない場合、（　④　）とみなして年金額が計算されます」

〈語句群〉

イ．16	ロ．18	ハ．20	ニ．60,000	ホ．63,720	ヘ．79,656
ト．816,300	チ．1,050,800	リ．240月	ヌ．300月	ル．360月	

答え

①		②		③		④	

【問題11】 Aさんが現時点（2024年4月12日）で死亡した場合、《設例》の〈Aさんとその家族に関する資料〉および下記の〈資料〉に基づき、妻Bさんが受給することができる遺族厚生年金の額を求め、解答用紙に記入しなさい（計算過程の記載は不要）。なお、年金額は2024年度価額に基づいて計算し、年金額の端数処理は円未満を四捨五入すること。年金額についてはすべて新規裁定者の額とする。

＜資料＞

遺族厚生年金の額（本来水準の額）＝（ⓐ＋ⓑ）× $\frac{□□□月}{□□□月}$ × $\frac{3}{4}$

ⓐ　2003年3月以前の期間分

平均標準報酬月額 × $\frac{7.125}{1,000}$ ×2003年3月以前の被保険者期間の月数

ⓑ　2003年4月以後の期間分

平均標準報酬額 × $\frac{5.481}{1,000}$ ×2003年4月以後の被保険者期間の月数

※問題の性質上、明らかにできない部分は「□□□」で示してある。

答え　　　　　　円

【問題12】 Mさんは、Aさんに対して、公的年金制度からの遺族給付や障害給付について説明した。Mさんが説明した次の記述①～③について、適切なものには○印を、不適切なものには×印を解答用紙に記入しなさい。なお、各選択肢において、ほかに必要とされる要件等はすべて満たしているものとする。年金額についてはすべて新規裁定者の額とする。

①「仮に、妻Bさんが現時点で死亡した場合、妻Bさんは国民年金の第3号被保険者に該当するため、Aさんは、遺族基礎年金を受給することができません」

②「仮に、Aさんの障害の程度が国民年金法に規定される障害等級1級と認定され、障害基礎年金を受給することになった場合、その障害基礎年金の額（2024年度価額）は、『816,000円×1.2＋234,800円（子の加算額）』の算式により算出されます」

③「仮に、Aさんの障害の程度が厚生年金保険法に規定される障害等級3級と認定され、障害厚生年金を受給することになった場合、その障害厚生年金の額に配偶者の加給年金額が加算されます」

答え

①		②		③	

5. 定年退職後の社会保険

重要度 ★★

出題傾向	●退職後の医療保険、介護保険などから基本的な知識を問う問題が出題される可能性がある。

●退職後の医療保険●

任意継続被保険者制度	・2ヵ月以上健康保険に加入していた人は、被保険者でなくなった日から**20日**以内に届出すると、退職後**2年間**は引続き同じ健康保険に加入できる。保険料は**全額自己負担**
家族の被扶養者	・日本国内に住所を有し、同居を原則として、年収130万円未満（60歳以上は180万円未満）などの場合、被扶養者になれる（事実婚を含む）。保険料の負担はなし
国民健康保険	・再就職しないときや自営業者となるときは国民健康保険に加入する。保険料は前年の所得で計算される。限度額89万円（介護含み106万円）
高齢受給者制度	・70歳以上の高齢者…一般**2割**負担（2014年３月末までに70歳になっている人は、１割負担）、現役並み所得者は３割負担 ・高額療養費（2018年８月から）…現役並み所得者は69歳以下と同じ。一般世帯は、外来18,000円（年間上限144,000円）、ひと月の上限額（世帯ごと）57,600円
後期高齢者医療制度	・**75歳以上**の高齢者（一定の障害認定で65歳以上）…一般**1割**負担、一定以上所得者２割負担、現役並み所得者は３割負担。介護保険の給付と重なる場合は介護保険が優先

●公的介護保険（65歳になったら）

対象者	・公的介護保険では、40歳以上65歳未満の医療保険加入者は第２号被保険者、**65歳以上**は**第1号被保険者**（第２号被保険者は16疾病のみ給付） ・給付対象者は、要介護、要支援認定者
自己負担	第１号被保険者の場合、原則**1割**負担だが、一定以上所得者は２割負担。さらに所得の高い現役並み所得者は３割負担。
保険料	市町村ごとに決定。年金額が年額18万円以上の場合は、年金から天引き

●雇用保険

基本手当（失業給付）	・所定給付日数（定年退職・自己都合退職）： 被保険者期間20年以上→最長**150日** ・**基本手当と特別支給の老齢厚生年金は併給できない**（原則として、基本手当の支給を受けると特別支給の老齢厚生年金は支給停止）
高年齢雇用継続給付	・雇用保険の被保険者期間が５年以上ある60歳以上65歳未満の被保険者の賃金が、60歳時点に比べて、**75%未満に低下**した場合に支給される ・支給額：61％以下に低下した場合は各月の賃金の**15%**相当額（2025年４月から賃金の10％に見直し予定）、61％超75％未満に低下した場合はその低下率に応じて15％未満の額 ・特別支給の老齢厚生年金を受けている人が高年齢雇用継続給付を受ける場合、在職老齢年金の支給停止に加えて年金の一部が支給停止される。支給停止される年金額は、最高で賃金（標準報酬月額）の**6％**相当額

チェックポイント

【問1】 Aさんの退職後の社会保険制度についてファイナンシャル・プランナーのMさんが説明した以下の文章の空欄①～④に入る最も適切な語句を、下記の〈語句群〉のイ～ルのなかから選び、その記号を解答用紙に記入しなさい。

i）Aさんは退職後、国民年金に第1号被保険者として加入することになります。国民年金の保険料は2024年度については月額16,980円であり、毎月の保険料の納期限は原則として（ ① ）となります。

ii）退職後の公的医療保険制度への加入方法としては、退職時の健康保険に任意継続被保険者として加入する、国民健康保険に加入する、などの選択肢があります。なお、健康保険の任意継続被保険者の資格取得手続は、原則として退職した日の翌日から（ ② ）以内に行う必要があります。任意継続被保険者として健康保険に加入できる期間は最長（ ③ ）であり、この間の保険料は（ ④ ）となります。

①国民年金の保険料の納期限は、翌月の末日。

②任意継続の手続きは、退職した日の翌日から20日以内。

③任意継続できる期間は最長2年間。

④任意継続の保険料は全額自己負担。

〈語句群〉

イ．その月の末日	ロ．翌月の末日	ハ．翌々月の末日
ニ．10日	ホ．14日	ヘ．20日
ト．1年間	チ．2年間	リ．3年間
ヌ．元の事業主と折半	ル．全額自己負担	

正解	
①	ロ
②	ヘ
③	チ
④	ル

【問2】 MさんがAさんに対してアドバイスした次の記述①～③について、適切なものには○印を、不適切なものには×印を解答用紙に記入しなさい。なお、Aさんは59歳、妻Bさんは56歳とする。

①「Aさんが60歳以後も雇用保険の一般被保険者としてX社に勤務し、賃金が60歳到達時点に比べて85％未満に低下した場合、所定の手続により、原則として雇用保険から高年齢雇用継続基本給付金が支給されます」

②「Aさんが64歳でX社を退職し、雇用保険の基本手当を受給する場合、基本手当を受給している間は、特別支給の老齢厚生年金が全額支給停止になります」

③「Aさんが65歳まで厚生年金保険の被保険者としてX社に勤務した場合、妻Bさんは、Aさんが65歳でX社を退職するまで国民年金の第3号被保険者となります」

①不適切。75％未満に低下した場合。

②適切。

③不適切。第3号被保険者は、第2号被保険者（厚生年金の被保険者等）に扶養される20歳以上60歳未満の人。妻Bさんが60歳（Aさんは63歳）になると、第3号被保険者ではなくなる。

正解	
①	×
②	○
③	×

チャレンジ問題

解答・解説は143ページ～

次の設例に基づいて、下記の【問題13】～【問題15】に答えなさい。

〈設例〉

会社員のＡさん（59歳）は、妻Ｂさん（57歳）との２人暮らしである。Ａさんは、大学卒業後から現在までＸ社に勤務している。Ｘ社は満60歳定年制を採用しているが、継続雇用制度を利用することにより、60歳以後も厚生年金保険の被保険者としてＸ社に勤務することが可能である。

Ａさんは、定年退職後もＸ社に勤務する予定であるが、Ｘ社の継続雇用制度を利用しない場合も含めて社会保険からの給付等について理解を深めたいと思っている。そこで、ファイナンシャル・プランナーのＭさんに相談することにした。

Ａさんおよび妻Ｂさんに関する資料は、以下のとおりである。

＜Ａさんおよび妻Ｂさんに関する資料＞

（１）Ａさん（会社員）

生年月日：1965年10月８日

厚生年金保険、全国健康保険協会管掌健康保険、雇用保険に加入中である。

〔公的年金の加入歴（見込みを含む）〕

20歳　22歳　60歳

<table>
<tr><td rowspan="2">国民年金
未加入
30月</td><td colspan="2">厚生年金保険
450月</td></tr>
<tr><td>180月
平均標準報酬月額　360,000円</td><td>270月
平均標準報酬額　500,000円</td></tr>
</table>

（２）妻Ｂさん（専業主婦）

生年月日：1967年11月９日

高校卒業後から30歳でＡさんと結婚するまでは厚生年金保険に加入。結婚後は国民年金に第３号被保険者として加入。

※妻Ｂさんは、現在および将来においてもＡさんと同居し、生計維持関係にあるものとする。

※Ａさんおよび妻Ｂさんは、現在および将来においても公的年金制度における障害等級に該当する障害の状態にないものとする。

※上記以外の条件は考慮せず、各問に従うこと。

【問題13】 Aさんが60歳でX社を定年退職し、その後再就職しない場合に、原則として65歳から受給することができる老齢厚生年金の年金額を求めなさい。年金額は2024年度の価額（本来水準の年金額）に基づくものとし、計算にあたっては、《設例》および下記の〈資料〉を利用すること。また、端数処理においては、年金額は1円未満四捨五入とする。年金額についてはすべて新規裁定者の額とする。

＜資料＞

老齢厚生年金の年金額

下記、老齢厚生年金の計算式のⅰ）＋ⅱ）＋ⅲ）

老齢厚生年金の計算式

ⅰ）報酬比例部分の額＝①＋②

①2003年３月以前の期間分

$$\text{平均標準報酬月額} \times \frac{7.125}{1{,}000} \times \text{2003年３月以前の被保険者期間の月数}$$

②2003年４月以後の期間分

$$\text{平均標準報酬額} \times \frac{5.481}{1{,}000} \times \text{2003年４月以後の被保険者期間の月数}$$

ⅱ）経過的加算額＝1,701円（厚生年金の定額単価）×被保険者期間の月数

$$-816{,}000\text{円} \times \frac{\text{1961年４月以後で20歳以上60歳未満の厚生年金保険の被保険者期間の月数}}{\text{加入可能年数} \times 12}$$

ⅲ）加給年金額＝408,100円（要件を満たしている場合のみ加算すること）

答え ＿＿＿＿＿＿円

【問題14】 Mさんは、Aさんが定年退職後も継続雇用制度を利用してX社に勤務し、厚生年金保険からの老齢給付を受給する場合について説明した。Mさんが説明した以下の文章の空欄①～③に入る最も適切な語句を、下記の〈語句群〉のイ～ホのなかから選び、その記号を解答用紙に記入しなさい。

「Aさんは、原則として、老齢基礎年金と老齢厚生年金（以下、「年金」という）を（　①　）から受給することができます。ただし、Aさんが現在の勤務先で、60歳の定年を迎えた後も継続雇用制度を利用し、厚生年金保険に加入した場合、年金は、（　②　）と基本月額との合計額が（　③　）を超えるときに、年金額の一部または全部が支給停止となります。

〈語句群〉

イ．62歳　ロ．64歳　ハ．65歳　ニ．標準報酬　ホ．総報酬月額相当額
へ．48万円　ト．50万円

答え	①		②		③	

【問題15】 Mさんの、Aさんに対するアドバイスに関する次の記述①～④について、適切なものには○印を、不適切なものには×印を解答用紙に記入しなさい。

①「Aさんが、継続雇用制度を利用せずにX社を退職した後に、雇用保険の基本手当を受給する場合、基本手当の所定給付日数は120日です」

②「Aさんが、継続雇用制度を利用せずにX社を退職した後に、健康保険に任意継続被保険者として加入する場合、その手続は、原則として退職日の翌日から20日以内に行う必要があります」

③「Aさんが継続雇用制度を利用して65歳までX社に勤務した場合、妻Bさんは、Aさんが65歳でX社を退職するまで国民年金の第３号被保険者となります」

④「Aさんは、基本手当の受給期間内に、親の介護等の理由で引き続き30日以上職業に就くことができない場合、所定の申出により、受給期間を離職日の翌日から最長１年まで延長することができます」

答え

①		②		③		④	

6. 株式投資

重要度 ★★

出題傾向	●株式投資に関する問題は、ほぼ毎回出題されている。 ●投資指標の計算を中心に出題されている。

●株式の売買●

注文方法	**成行注文**	株を売買する際、売りたい値段、買いたい値段を指定せずに注文する方法
	指値注文	株を売買する際、売りたい値段、買いたい値段を指定して注文する方法。例えば、「M電機を、@720円で、3,000株買い」のように価格指定する
受渡し		株式の売買代金は、売買成立の日（約定日）から起算して**3営業日目**に受け渡すのが原則

●相場指標●

株式相場全体の動向を把握できるようにしたものが相場指標である

単純平均株価	上場銘柄の株価を合計し、銘柄数で割ったもので、市場全体の平均的な株価水準を知ることができる
日経平均株価225種	株価の権利落ち（株式分割等により見た目の株価が下落する）や銘柄の入替えなどがあっても連続性を失わないように工夫された225銘柄の**修正平均株価**
東証株価指数（TOPIX）	**旧東証第一部およびプライム市場上場の全銘柄を対象**とした一種の**時価総額指数（加重平均株価）**。1968年1月4日の時価総額を100として、当日の時価総額を指数で示している

●投資指標●

指　標	算式	意味・使い方
配当利回り （単位：%）	$\frac{\textbf{1株当たり年配当金}}{\textbf{株価}} \times 100$	配当による利回り
配当性向 （単位：%）	$\frac{\textbf{年間配当金}}{\textbf{純利益}} \times 100$	当期の純利益のうち、どれだけを配当に向けたかを示す指標
PER （株価収益率） （単位：倍）	$\frac{\textbf{株価}}{\textbf{1株当たり純利益}}$	・株価が1株当たり純利益の何倍まで買われているかを見る指標 ・PERが高い…利益に比べ株価が高い水準にある ・PERが低い…利益に比べ株価が低い水準にある

PBR （株価純資産倍率） （単位：倍）	$\dfrac{\text{株価}}{\text{1株当たり純資産（簿価ベース）}}$	・株価が1株当たり純資産（解散価値）の何倍まで買われているかを見る指標 ・PBRが1倍に近づくほど株価は割安と判断できる
ROE （自己資本利益率） （単位：％）	$\dfrac{\text{純利益}}{\text{自己資本}} \times 100$	自己資本（純資産）を元として、どれだけの純利益（税引後利益）をあげたかを見る指標

●税金●（上場株式）

譲渡益課税	・株式を売却した場合、他の所得と分離して課税される（**申告分離課税**） ・税額…年間の純譲渡益×税率 ・税率…**20％**（所得税15％＋住民税５％）※
配当課税	税率**20％**（所得税15％、住民税５％）※の源泉徴収。金額にかかわらず確定申告をしなくてもよい（してもよい）

※ 復興特別所得税を加味すると**20.315％**（所得税15.315％＋住民税５％）

●2024年からの新NISA制度（少額投資非課税制度）●

	成長投資枠	つみたて投資枠
利用できる人	**18歳以上の成人**	
口座開設期間 （新規で投資できる期間）	いつでも可能（恒久化）	
非課税対象	上場株式（整理･監理銘柄は除外）･公募株式投資信託等（信託期間20年未満・毎月分配型・高レバレッジ型は除外）	積立・分散投資に適した一定の公募株式投資信託とETFで、金融庁に届出されているものに限定
投資手法	制約なし （一括投資・積立投資いずれも可能）	積立投資に限定
非課税投資枠	**年間240万円**	**年間120万円**
	※成長投資枠とつみたて投資枠の**併用が可能**（併用した場合、年間360万円まで投資が可能	
非課税保有限度額 （生涯投資枠）	**1,800万円**　※簿価残高方式で管理（非課税枠の再利用が可能）	
	1,200万円（内枠）	
非課税期間	**無期限**	
2023年までの制度との関係	2023年までに一般NISA・つみたてNISAで投資した商品は、新NISAの外枠で（別枠で管理）、投資時点の非課税措置を適用（新NISAへのロールオーバーは不可）	

（注１）売却はいつでも自由。
（注２）譲渡損失はなかったものと見なされるため、課税口座との損益通算等はできない。

【問１】 Ａさんが投資を検討している下記〈資料〉の甲株式および乙株式の投資指標について、ファイナンシャル・プランナーが説明した以下の文章の空欄①～④に入る最も適切な語句または数値を、下記の〈語句群〉のＡ～Ｉのなかから選び、その記号を解答用紙に記入しなさい。

下記〈資料〉から算出すると、甲株式の株価収益率（PER）は、（　①　）倍、乙株式の株価純資産倍率（PBR）は、（　②　）倍である。また、甲株式の配当性向は、（　③　）％である。

株価収益率から判断して、一般に割安と考えられるのは、乙株式である。また、株価純資産倍率から判断して、一般に割安と考えられるのは、（　④　）株式である。

〈資料〉

	甲株式	乙株式
株価	1,000円	250円
時価総額	200億円	250億円
発行済株式数	2,000万株	1億株
純資産（＝自己資本）	50億円	500億円
当期純利益	10億円	50億円
1株当たり年配当金	20円	10円

〈語句群〉

Ａ．甲　Ｂ．乙　Ｃ．0.5　Ｄ．1　Ｅ．5
Ｆ．10　Ｇ．20　Ｈ．40　Ｉ．80

チェックポイント

①1株当たり利益＝10億円÷2,000万株＝50円
PER＝1,000円／50円＝20倍

②1株当たり純資産＝500億円÷1億株＝500円
PBR＝250円／500円＝0.5倍

③年配当金＝20円×2,000万株＝4億円
配当性向＝4億円／10億円×100＝40％

④一般的には、PERやPBRが低いと割安なので、乙株式が割安。
※甲株式のPBR
50億円÷2,000万株＝250円
1,000円／250円＝4倍

正解	
①	G
②	C
③	H
④	B

【問2】 国内株式の価格が変動する要因について、ファイナンシャル・プランナーが説明した次の記述①～③のうち、適切なものには○印を、不適切なものには×印を解答用紙に記入しなさい。

①一般に、円高ドル安の進行は、ドルベースの価格を変更せずに輸出した場合、円ベースの販売額を増大させることから、輸出型企業の株価の上昇要因となる。①

②一般に、業況判断DIの上昇は、景気が悪化していることを示すため、株価の下落要因となる。②

③一般に、国内金利の低下は、企業の設備投資を促進させることから、株価の上昇要因となる。③

チェックポイント

①不適切。円高ドル安の進行は、円ベースの販売額を減少させることから、輸出型企業の株価の下落要因。

②不適切。日銀短観の業況判断DIの上昇は、景気が回復していることを示すため、株価の上昇要因。

③適切。

正解
① ×
② ×
③ ○

【問3】 仮に、Aさんが下記の〈条件〉により2024年中に甲株を購入し、同年中にすべて売却した場合の手取り金額（所得税および住民税控除後。復興特別所得税を含む）を求めなさい。〈答〉は円単位とすること。なお、2024年中に甲株以外に他の株式等の譲渡はなく、委託手数料等については考慮しないものとする。①

〈甲株式の条件〉

・購入株数および売却株数：5,000株

・購入時の株価：600円

・売却時の株価：800円

※特定口座の源泉徴収選択口座を利用するものとする。

①上場株式等の譲渡所得には、20.315％（復興特別所得税を含む）の税率が適用される。

譲渡所得金額：
（800円－600円）×5,000株
＝1,000,000円
源泉徴収される税金：
1,000,000円×20.315％＝203,150円
手取り金額：
800円×5,000株－203,150円＝3,796,850円

正解
3,796,850円

チャレンジ問題

解答・解説は144ページ～

【設問】次の設例に基づいて、下記の【問題16】～【問題18】に答えなさい。

〈設例〉

会社員のＡさん（42歳）は、これまで投資信託（特定口座の源泉徴収選択口座内にて保有）により資産を運用してきたが、上場株式による資産運用にも興味を持っており、上場企業Ｘ社およびＹ社の株式（以下、それぞれ「Ｘ社株式」「Ｙ社株式」という）の購入を検討している。そこで、Ａさんは、株式投資について、ファイナンシャル・プランナーのＭさんに相談することにした。Ｘ社株式およびＹ社株式に関する資料は、以下のとおりである。

	Ｘ社株式	Ｙ社株式
業種	電子部品製造業	食料品製造業
株価	1,000円	520円
当期純利益	130億円	45億円
純資産（＝自己資本）	900億円	450億円
発行済株式数	２億株	２億株
１株当たり配当金額（年額）	14円	７円

※上記以外の条件は考慮せず、各問に従うこと。

【問題16】　株式投資についてＭさんがＡさんに対して説明した次の記述①～③について、適切なものには○印を、不適切なものには×印を解答用紙に記入しなさい。

①「国内上場株式の売買注文の方法には、一般に、指値注文と成行注文があります。指値注文は成行注文に優先するため、売買が成立しやすくなりますが、Ａさんが想定していた価格と異なる価格で売買が成立する可能性がありますのでご留意ください」

②「特定口座は、各金融商品取引業者等に１つずつ開設できますので、現在開設している特定口座のほかに、Ａさんの投資目的等に応じて、新たに他の金融商品取引業者等に特定口座を開設して株式の売買に利用することもできます」

③「上場株式の譲渡損失については、上場株式等に係る配当所得との通算や翌年以降への繰越控除などが可能ですが、具体的な税務上のアドバイスや確定申告手続等については税理士等の専門家にご相談されることをお勧めします」

答え

①		②		③	

【問題17】〈設例〉の条件に基づき、次の各種投資指標を求めなさい。なお、〈答〉は表示単位における小数点以下第2位を四捨五入すること（計算過程の記載は不要）。

①X社株式のPBR（倍）
②X社株式のROE（%）
③Y社株式の配当利回り（%）
④Y社株式の配当性向（%）

答え

①	倍	②	%	③	%	④	%

【問題18】Aさんが、下記の〈条件〉により、2024年中に、特定口座の源泉徴収選択口座においてX社株式を購入し同年中にすべて売却した場合、その際に徴収される所得税（復興特別所得税を含む）および住民税の合計額を求めなさい。なお、Aさんにはこれ以外にこの年における株式等の取引はなく、手数料等については考慮しないものとする。

〈条件〉

購入株数および売却株数：1,000株
購入時の株価　　　　　：1,000円
売却時の株価　　　　　：1,200円

答え ＿＿＿＿円

7. 債券投資

重要度 ★

出題傾向	●出題頻度は低いが、過去に債券の利回り計算や債券の特徴に関する問題が出題されている。

●利付債の利回り計算のための３要素●

利付債の利回り計算は、次の３要素によって計算される

①表面利率（クーポンレート）：債券の額面金額に対して毎年支払われる利息の割合

②発行価格：債券が発行されるときの価格。額面100円に対しての価格で表示される

③償還年限（償還期限）・残存年限（残存期間）：債券が償還を迎えるまでの期間

●債券の利回り計算方法●

利付債の利回り計算は、下記のように投資期間（時期）によって異なるが、基本的には次のように考えて計算する

利回り(%)＝1年あたりの収益÷投資元本×100

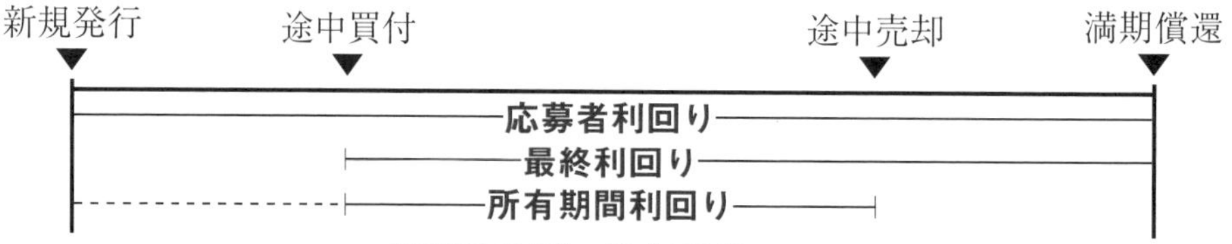

$$応募者利回り(\%)=\frac{表面利率+\dfrac{額面(100円)-発行価格}{償還年限}}{発行価格}\times 100$$

$$最終利回り(\%)=\frac{表面利率+\dfrac{額面(100円)-買付価格}{残存年限}}{買付価格}\times 100$$

$$所有期間利回り(\%)=\frac{表面利率+\dfrac{売付価格-買付価格}{所有期間}}{買付価格}\times 100$$

$$直接利回り(\%)=\frac{表面利率}{買付価格}\times 100$$

（注）償還年限、残存年限、所有期間は年単位に直して計算する。残存５年100日→$5\frac{100}{365}$年

●利付債の価格計算●

利付債の最終利回りの式を展開すると、最終利回りから債券価格を求められる

$$債券価格(単価)=\frac{100+表面利率(\%)\times残存年限}{100+最終利回り(\%)\times残存年限}\times 100$$

●割引債の利回り計算方法●

①１年以内に償還される割引債の利回り（単利）

$$利回り(\%)=\frac{額面(100円)-買付価格}{買付価格}\times\frac{365}{未経過日数}\times 100$$

②期間１年超の割引債の利回り（複利）

$$複利利回り(\%)=\left(\sqrt[残存年数]{\frac{額面(100円)}{買付価格}}-1\right)\times 100$$

●債券の特徴●

①債券の価格と利回りは逆の関係にあり、**価格の下落＝利回りの上昇、価格の上昇＝利回りの低下**である
②金利変動による**債券価格の変動幅は、表面利率（クーポンレート）の低い債券、残存期間の長い債券ほど大きい**
③一般的に信用度の低い債券ほど利回りが高く、信用度の高い債券ほど利回りが低い

●個人向け国債●

種類	変動10年	固定５年	固定３年
購入単位・発行頻度	額面１万円単位。額面100円につき100円で、毎月募集・翌月発行		
期間	**10年**	**５年**	**３年**
金利	**変動金利** （半年毎に適用金利見直し）	**固定金利**	**固定金利**
金利水準	基準金利×0.66 10年固定利付国債の実勢金利	基準金利－0.05% 期間５年の固定利付国債の想定利回り	基準金利－0.03% 期間３年の固定利付国債の想定利回り
最低金利保証	市場金利が下がった場合でも、0.05%の最低金利を保証		
据置期間	１年（発行から１年経過すれば、原則としていつでも、購入金額の一部または全部を中途換金することができる）		
中途換金時の金額	額面金額＋経過利子相当額－中途換金調整額（直前２回分の各利子［税引前］相当額×0.79685）⇨　元本割れのリスクはない		

●債券格付●

債券の信用度を第三者が評価し、信用度の高いものからAAA（トリプルA）～C（シングルC）などの記号で表示されている。**BBB**（トリプルB）**以上が投資適格債**。BB（ダブルB）以下が、投機的債券で債務不履行（デフォルト）に陥るおそれが高め

●債券（国債や公募社債などの特定公社債）の税金●

利子	利子所得として**20%**（復興特別所得税を含むと20.315%）の申告分離課税（申告不要可）
譲渡損益 償還差損益	・譲渡（償還）益：上場株式等の譲渡所得と同様、**20%**（20.315%）の申告分離課税 ・譲渡（償還）損：特定公社債等・上場株式等の利子・配当所得・譲渡（償還）益との損益通算や繰越控除が可能

※特定公社債は特定口座で投資できる

7. 債券投資

【問1】 次の条件の場合の①最終利回りと②債券価格を求めなさい。（小数点以下第3位を四捨五入）

①残存期間6年6ヵ月、クーポンレート1.9%、買付価格106円80銭の長期国債の最終利回り

②クーポンレート0.8%、発行価格100円の新発10年国債が3年後に、残存年数7年の既発10年国債利回りが1.5%になった場合の債券価格

【問2】 R株式会社の普通社債を額面100万円分新規発行で購入し、償還まで保有した場合の応募者利回り（③）を求めなさい。なお、計算結果については小数点以下第4位を切り捨てることとする。ただし、利回り計算においては、単利の年率換算とし、手数料や税金等は考慮しないものとする。

〈資料〉

［R株式会社普通社債の発行条件］
表面利率：年1.160%
発行日　：2024年6月10日
利払日　：毎年6月と12月の各10日
償還価格：額面100円につき100.00円
発行価格：額面100円につき99.70円
受渡日（付利開始日）：2024年6月11日
償還日　：2027年6月10日（期間3年）

チェックポイント

①②最終利回りと債券価格の計算式にあてはめて計算すれば、容易に算出できる。

③応募者利回りの計算式にあてはめて計算すれば、容易に算出できる。

正解

【問1】

①最終利回り $= \dfrac{1.9 + \dfrac{100 - 106.80}{6.5}}{106.80} \times 100 = 0.7994 \fallingdotseq 0.80(\%)$　　答え　0.80%

②債券価格 $= \dfrac{100 + 0.8 \times 7}{100 + 1.5 \times 7} \times 100 = 95.5656 \fallingdotseq 95.57(円)$　　答え　95円57銭

【問2】

$$応募者利回り(\%) = \frac{表面利率 + \dfrac{額面(100円) - 発行価格}{償還年限}}{発行価格} \times 100$$

$$= \frac{1.160 + \dfrac{100 - 99.70}{3}}{99.70} \times 100$$

$$\fallingdotseq 1.263(\%)$$

答え　1.263%

チェックポイント

【問3】 債券の格付けに関する次の記述の空欄（ア）～（ウ）に入る適切な語句または記号を語群の中から選び、解答欄に記入しなさい。なお、同じ語句または記号を何度選んでもよいこととする。

〈一般的な格付けの例〉

AAA	元利金支払いの確実性は最高水準
AA	確実性はきわめて高い
A	確実性は高い
BBB④	現在十分な確実性があるが、将来環境が大きく変化した場合その影響を受ける可能性がある
BB⑤	将来の確実性は不安定
B	確実性に問題がある
CCC	債務不履行になる可能性がある
CC	債務不履行になる可能性はきわめて高い
C	債務不履行になる可能性がきわめて高く、当面立ち直る見込みがない
D	債務不履行に陥っている

④格付けのうち、BBB以上の債券は元利金支払いの確実性が高いので、一般に投資適格債という。

⑤格付けのうち、BB以下の債券は元利金支払いの確実性が劣るので、投機的債券という。

債券の格付けとは、債券の（　ア　）リスクを判断するのに用いられるもので、一般的にAAAからCまたはDまでの記号で表される。このうち、（　イ　）以上の格付けの債券が投資に適格とされる。格付けは、格付け会社が債券の発行機関の依頼に基づいて行うが、発行機関の依頼に基づかない（　ウ　）格付けもある。⑥

⑥通常は、債券の発行機関からの依頼に基づいて、格付け会社が一定の手数料を徴収した上で行うが、発行機関からの依頼に基づかないで、格付け会社が勝手に格付けを行う「勝手格付け」もある。

〈語群〉

金利　流動性　信用　A　BBB　BB　任意　勝手　自由

正解
（ア）信用
（イ）BBB
（ウ）勝手

チャレンジ問題

解答・解説は146ページ

【設問】 次の設例に基づいて、下記の【問題19】～【問題21】に答えなさい。

〈設例〉

Aさんは、勤務先の業績が向上して年収が増えたため、賞与の一部を運用したいと思っている。Aさんには金融商品の投資経験がないため、運用商品の候補として考えている国内債券について、ファイナンシャル・プランナーに相談することにした。

なお、Aさんは次の銘柄への投資を検討している。

銘柄	クーポンレート	購入単価	残存期間	備考
X国債	2.0%	99.50円	5年	固定利付債
Y社債	3.5%	101.00円	4年	固定利付債

※いずれも償還価格を100円とする。

【問題19】 一般的な国内債券投資のリスクに関する次の文章の空欄①～③に入る最も適切な語句を、下記の語群のなかから選びなさい。

債券の価格変動リスクは、（ ① ）とも呼ばれ、市場金利が上昇すれば債券価格は下落し、市場金利が低下すれば債券価格は上昇する。

また、信用リスクをみる場合、発行体の元利金の支払能力を表す（ ② ）情報が重要となり、一般に残存年数が同じ債券であれば、（ ② ）が高いものほど利回りは（ ③ ）なる。

〈語群〉

格付け　カントリーリスク　金利　金利リスク　高く　低く　不動産担保
流動性リスク

答え

①		②		③	

【問題20】　Aさんが投資を検討している国内債券について、①X国債を2年後に99.00円で売却した場合の所有期間利回り（税引前）と、②Y社債の最終利回り（税引前）をそれぞれ求めなさい。計算過程を示し、答えは%表示の小数点以下第3位を四捨五入すること。

答え

①	%	②	%

【問題21】　Aさんは、今後、市場金利の上昇を予想している。X国債とY社債の市場における動向に関する次の記述①～③について、適切なものには○印を、不適切なものには×印を解答欄に記入しなさい。

①　市場金利が上昇した場合、一般にY社債のクーポンレートは上昇する。
②　市場金利が上昇した場合、一般にX国債の最終利回りは低下する。
③　市場金利が上昇した場合、一般にY社債の信用リスクは低下する。

答え

①		②		③	

8. 投資信託

重要度 ★★★

出題傾向	●出題頻度が高く、2回に1回程度の割合で出題されている。 ●税金の取扱い、シャープレシオ、期待収益率などが出題されている。

●株式投資信託の税金●

国内公募株式投資信託の収益分配金は配当所得、解約差益、売買差益、償還差益は譲渡所得となり、**税率20%（所得税15%、住民税5%）**※で課税される

<table>
<tr><td>収益分配金</td><td>・株式投資信託の収益分配金のうち、普通分配金に対して、所得税・住民税が源泉徴収される（元本払戻金〈特別分配金〉は元本の払戻しに相当する部分の分配のため、非課税の取扱いとなる）。
〈例〉個別元本10,500円、基準価額11,500円の株式投資信託について、分配金1,500円が支払われ、分配落ち後の基準価額が10,000円になった場合
分配落ち後の基準価額↓　分配落ち前の個別元本↓　分配落ち前の基準価額↓
［10,000円｜元本払戻金 500円｜普通分配金 1,000円］
└── 分配金1,500円 ──┘
分配落ち後の個別元本↑
・普通分配金の手取額（復興特別所得税は考慮しない）：
税金＝1,000円×20％＝200円
手取額＝1,000円－200円＝800円
・元本払戻金（特別分配金）：500円（非課税）
・分配金手取額：800円＋500円＝1,300円</td></tr>
<tr><td>換金時・
償還時の損益</td><td>・解約請求による損益、買取請求による損益、償還時の損益は、譲渡所得として、税率20％（所得税15％、住民税5％）※の申告分離課税となる。
・上場株式等や特定公社債等の損益と通算ができる。
・控除しきれなかった損失については、確定申告することにより、翌年以降最長3年間の繰越控除が認められている。
・換金時・償還時の譲渡所得の計算にあたっては、購入時の手数料が取得価額に含まれる。</td></tr>
<tr><td>NISA
（P45参照）</td><td>上場株式、株式投資信託等の配当所得、譲渡所得を対象に、一人につき毎年1口座の非課税口座が開設できる。
・非課税投資枠　成長投資枠で年間240万円、つみたて投資枠で年間120万円（両者は併用でき、併用した場合は年間360万円）
・非課税期間　成長投資枠・つみたて投資枠とも無期限
・対象外の投信　成長投資枠・つみたて投資枠とも、毎月分配型・信託期間20年未満・高レバレッジ型投信は対象外。つみたて投資枠で購入可能な投信は購入時手数料無料のものに限定（成長投資枠では購入時手数料がかかる投信も購入可能）</td></tr>
</table>

※復興特別所得税を含むと**20.315%（所得税15.315%、住民税5%）**となる

●投資信託のパフォーマンス評価●

・投資信託のパフォーマンス評価を行う場合、リターンのみからパフォーマンスの良し悪しを測るのではなく、リスクに見合ったリターンを得られたかどうかを判定する方法が多く用いられる。
・リターンのうち無リスク資産（安全資産）を上回った部分（超過収益率）を、そのファンドの標準偏差（リスク＝リターンのぶれの大きさ）で除したものが「**シャープ・レシオ**（シャープの測度）」で、この値が大きいほど優れたパフォーマンスであったと評価される。
計算式：**（ファンドの収益率 － 無リスク資産利子率）÷ ファンドの標準偏差**

●期待収益率●

・証券投資においては、将来の収益を正確に予測することは不可能だが、実現しそうな確率を予測し、その起こりうる確率における投資収益率を加重平均することで、その投資対象の収益性を計測することが可能である。この加重平均値を「**期待収益率**」という。
・期待収益率を求める計算方法

期待収益率（%）$= R_1\% \times r_1 + R_2\% \times r_2 + \cdots\cdots\cdots\cdots\cdots\cdots + R_t\% \times r_t$
R：収益率、 r：収益率がR％となる確率

〈例〉証券Aに投資した場合、1年後に次の3通りのケースが想定されたとする。

ケース	生起確率	収益率
a	0.2	20%
b	0.5	10%
c	0.3	−15%

証券Aの期待収益率は
期待収益率＝20%×0.2＋10%×0.5＋（−15%）×0.3＝4.5%
証券Aに投資した場合、平均的に4.5%の収益が期待できることになる。

●ポートフォリオの収益率とリスク●

・複数の証券を組み合わせたポートフォリオにおける期待収益率は、各証券の期待収益率を投資比率で加重平均したものとなる。
・**ポートフォリオの期待収益率**の計算方法（証券Aと証券Bに半分ずつの割合で投資する場合）
ポートフォリオの期待収益率＝証券Aの期待収益率×0.5＋証券Bの期待収益率×0.5
・**ポートフォリオのリスク**は、複数の証券の標準偏差を加重平均したものではなく、値動きの異なるものを組み合わせることによって、リスクの低減を図ることができる。
〈例〉

ケース	生起確率	証券Aの収益率	証券Bの収益率	AB半分ずつ保有した場合の収益率
a	0.2	20%	−10%	5.0%
b	0.5	10%	5%	7.5%
c	0.3	−15%	10%	−2.5%
期待収益率		4.5%	3.5%	4.0%
標準偏差		13.31%	7.09%	4.36%

証券A、Bの標準偏差やそれらの加重平均（13.31%×0.5＋7.09%×0.5＝10.2%）より、ポートフォリオの標準偏差（4.36%）は低くなる

【問１】 追加型株式投資信託であるMAファンドの2024年４月の決算時における収益分配金等は、下記〈資料〉のとおりである。下記〈資料〉に基づき、MAファンドに関する次の（ア）～（エ）の記述について、正しいものには○、誤っているものには×を解答欄に記入しなさい。なお、〈資料〉の辻さんと霜田さんは、これまでに収益分配金を受け取っていないものとする。

〈資料〉

［MAファンドの2024年４月の決算時における収益分配金等］
・収益分配前の基準価額　：11,000円
・収益分配金　：　1,000円
・収益分配後の基準価額　：10,000円
［辻さんと霜田さんの個別元本］
・辻さんの個別元本　：　9,800円
・霜田さんの個別元本　：10,550円

（ア）辻さんが受け取った収益分配金は、全額が普通分配金①である。

（イ）霜田さんが受け取った収益分配金のうち、「収益分配前の基準価額－個別元本」に相当する金額を元本払戻金②という。

（ウ）収益分配後の辻さんの個別元本③は、10,000円となる。

（エ）今回の収益分配金における霜田さんの課税対象額④は、450円である。

チェックポイント

①辻さんの個別元本は9,800円で、収益分配後の基準価額は10,000円。収益分配後の基準価額が個別元本を上回っているので、収益分配金1,000円全額が普通分配金となる。

②霜田さんの個別元本は10,550円で、収益分配後の基準価額が個別元本を550円下回る。収益分配金1,000円のうち、550円が元本払戻金、450円が普通分配金となる。

③辻さんは元本の払戻しに当たる元本払戻金を受け取っていないので、個別元本は9,800円のまま変更はない。

④課税対象となる霜田さんの普通分配金は、②で解説したとおり450円。なお、霜田さんは元本払戻金550円を受け取ったため、個別元本は10,000円に下方修正される。

正解	
（ア）	○
（イ）	×
（ウ）	×
（エ）	○

【問２】 ファイナンシャル・プランナーＭさんは、Ｘ投資信託のパフォーマンス評価等に関する計算を行った。次の①、②をそれぞれ計算過程を示して求めなさい。

①下記の条件に基づき、Ｘ投資信託のシャープ・レシオ①を求めなさい。なお、無リスク資産利子率を１％とする。

②下記の〈Ｘ投資信託の今後１年間のシナリオの生起確率と予想収益率〉に基づき、Ｘ投資信託の今後１年間の期待収益率②を求めなさい。なお、〈答〉は％表示の小数点以下第２位まで表示すること。

〈Ｘ投資信託〉

・追加型／北米／株式（為替ヘッジなし）
・特徴：主に米国の高配当株式を中心に投資し、高いリターンを目指す。
・決算日：毎月18日
・基準価額：12,500円（１万口当たり）
・収益分配金（直近12期計）：500円（１万口当たり）
・過去５年間の収益率の平均値（リターン）：７％
・過去５年間の収益率の標準偏差（リスク）：12％
・購入時手数料：3.30％（税込）
・運用管理費用（信託報酬）：純資産総額の1.65％（税込）
・信託財産留保額：なし

〈Ｘ投資信託の今後１年間のシナリオの生起確率と予想収益率〉

シナリオ	生起確率	予想収益率
好況	35％	＋18％
現状維持	35％	＋７％
不況	30％	−15％

※上記以外の条件は考慮せず、各問に従うこと。

チェックポイント

①シャープ・レシオの計算方法を覚えておくこと。
（７％－１％）÷12％＝0.5

②期待収益率の計算方法を覚えておくこと。
(18％×0.35)＋(７％×0.35)＋(－15％×0.3)
＝6.3％＋2.45％－4.5％
＝4.25％

正解
① 0.5
② 4.25％

チャレンジ問題

解答・解説は146ページ～

【設問】 次の設例に基づいて、下記の【問題22】～【問題24】に答えなさい。

《設例》

会社員であるＡさん（38歳）は、2018年８月に一括で購入したＸ投資信託を300万口保有しており、毎月収益分配金を受け取っているが、他の投資先への変更も含めて、資産運用について改めて検討したいと考えている。そこでＡさんは、ファイナンシャル・プランナーのＭさんに相談することにした。

Ｘ投資信託に関する資料は、以下のとおりである。

〈Ｘ投資信託〉

- 株式投資信託
- 追加型／国内／株式
- 特徴　：日本の高配当株を中心に投資するファンド
- 信託期間　：無期限
- 決算日　：毎月20日
- 購入時手数料　：なし
- 運用管理費用（信託報酬）：1.10％（税込）
- 信託財産留保額　：換金時の基準価額に対して0.3％
- Ｘ投資信託の基準価額等

Ａさんが購入した時の基準価額		10,000円
現時点で換金した場合の基準価額		12,000円
Ａさんがこれまでに受け取った収益分配金の合計額		840円
	普通分配金	440円
	元本払戻金（特別分配金）	400円

※金額はすべて１万口当たりのものである。

- Ｘ投資信託の過去３年間の運用パフォーマンス

過去３年間の収益率の平均値（リターン）	８％
過去３年間の収益率の標準偏差（リスク）	14％

※上記以外の条件は考慮せず、各問に従うこと。

【問題22】 投資信託の仕組みについてMさんが説明した次の記述①～③について、適切なものには○印を、不適切なものには×印を解答用紙に記入しなさい。

①特定口座の源泉徴収選択口座で管理されている株式投資信託を解約した場合、源泉徴収および特別徴収により課税関係を終了させることができるため、確定申告を不要とすることができる。
②信託財産留保額は、投資信託を換金等した受益者と引き続き保有する受益者との公平性を確保するためのものであり、すべての投資信託に信託財産留保額が設定されている。
③単位型投資信託は、解約が多く発生した場合等に繰上償還されるが、追加型投資信託の場合、追加設定できるため繰上償還されることはない。

答え

①		②		③	

【問題23】 X投資信託についてMさんが説明した次の記述①～③について、適切なものには○印を、不適切なものには×印を解答用紙に記入しなさい。

①無リスク資産利子率を１％とした場合のX投資信託のシャープ・レシオは、0.5である。
②Aさんがこれまでに X投資信託から受け取った収益分配金840円に対して所得税および住民税が課税されている。
③Aさんは、X投資信託の償還の際に償還金を受ける場合には、信託財産留保額を負担する必要がない。

答え

①		②		③	

【問題24】 Aさんが、2024年中に、特定口座の源泉徴収選択口座を利用してX投資信託を基準価額12,000円（１万口当たり）で300万口すべて解約した場合に徴収される所得税および住民税の額を、計算過程を示して求めなさい。なお、Aさんにはこれ以外にこの年における株式等の譲渡はなく、また、《設例》に挙げられているもの以外の費用等および復興特別所得税については考慮しないものとする。

答え

所得税	円	住民税	円

【設問】 次の設例に基づいて、下記の【問題25】～【問題27】に答えなさい。

《設例》

会社員のＡさん（42歳）は、現在、２年前に購入したＸ投資信託を保有しているが、新たにＹ投資信託の購入を検討している。Ａさんは、Ｘ投資信託および新たに購入を検討しているＹ投資信託についての説明を聞きたいと考えている。そこで、Ａさんは、ファイナンシャル・プランナーのＭさんに相談することにした。Ｘ投資信託およびＹ投資信託に関する資料等は、以下のとおりである。

〈Ｘ投資信託に関する資料〉

公募株式投資信託

分類　　　　：追加型／国内／株式

主な投資対象：東京証券取引所プライム市場に上場する企業の株式

決算日　　　：毎年10月20日

Ｘ投資信託のＡさん購入後２年間の決算実績（１万口当たり）

	購入時	１回目の決算（2022年10月20日）	２回目の決算（2023年10月20日）
基準価額	10,100円	10,400円（分配後）	10,000円（分配後）
Ａさんの個別元本の額	10,100円	10,100円（分配後）	10,000円（分配後）
分配金の額	――	300円	300円

〈Ｙ投資信託に関する資料〉

公募株式投資信託

分類　　　　　：追加型／海外／債券　為替ヘッジあり

主な投資対象　：米国の企業が発行する米ドル建ての債券

決算日　　　　：毎年10月20日

信託期間　　　：無期限

購入時手数料　：購入価額の1.65％（税込）

信託財産留保額：換金時の基準価額に対して0.3％

〈Ｘ投資信託・Ｙ投資信託のシナリオ別予想収益率〉

	生起確率	Ｘ投資信託の予想収益率	Ｙ投資信託の予想収益率
シナリオ１	30％	3.0％	－6.0％
シナリオ２	50％	10.0％	5.0％
シナリオ３	20％	－10.0％	7.0％

※上記以外の条件は考慮せず、各問に従うこと。

【問題25】 X投資信託の分配金についてMさんがAさんに対して説明した以下の文章の空欄①～③に入る最も適切な語句を、下記の〈語句群〉のイ～リのなかから選び、その記号を解答用紙に記入しなさい。

「X投資信託の１回目の決算における分配金は、全額が普通分配金に該当します。また、２回目の決算における普通分配金の額は（　①　）です。

X投資信託の普通分配金による所得は（　②　）とされ、分配時には源泉徴収が行われます。2024年の決算において普通分配金が分配された場合、その分配金に対する源泉徴収税率は、所得税、復興特別所得税および住民税の合計で（　③　）となります」

〈語句群〉

イ．100円	ロ．200円	ハ．300円	ニ．配当所得	ホ．利子所得
ヘ．雑所得	ト．10.147％	チ．20.315％	リ．20.42％	

答え

①		②		③	

【問題26】 Y投資信託についてMさんがAさんに対して説明した次の記述①～③について、適切なものには○印を、不適切なものには×印を解答用紙に記入しなさい。

①「Y投資信託は米国の債券を主な投資対象としていますので、一般に、米国の金利が上昇した場合、当該債券価格の下落を通じてY投資信託の基準価額のマイナス要因となります」

②「Y投資信託は為替ヘッジを行うことにより、為替変動によるリスクの低減を図っています。為替ヘッジを行った場合、為替ヘッジを行わない場合と比較して、円高による為替差損を抑えることができます」

③「Y投資信託が償還された場合、償還金から信託財産留保額が控除されます」

答え

①		②		③	

【問題27】 《設例》の〈X投資信託・Y投資信託のシナリオ別予想収益率〉に基づき、X投資信託とY投資信託をそれぞれ６：４の割合で保有した場合のポートフォリオの期待収益率を、計算過程を示して求めなさい。なお、〈答え〉は％表示の小数点以下第２位まで表示すること。

答え　　　　％

【設問】 次の設例に基づいて、下記の【問題28】～【問題30】に答えなさい。

《設例》

Ａさん（60歳）は、2023年12月末にこれまで勤務していた会社を退職し、退職金を受け取った。証券会社の担当者からは、この退職金の運用先として下記のＸ投資信託およびＹ投資信託を提案されている。また、「非課税口座内の少額上場株式等に係る配当所得および譲渡所得等の非課税措置（以下、当該非課税措置は『NISA』、当該非課税口座は『NISA口座』という）」についても、その活用を勧められている。Ａさんは投資信託やNISAの仕組み等について詳しく知りたいと考えている。

そこで、Ａさんは、ファイナンシャル・プランナーのＭさんに相談することにした。

〈Ｘ投資信託およびＹ投資信託に関する資料〉

	Ｘ投資信託	Ｙ投資信託
商品分類	追加型／内外／株式	追加型／海外／株式
信託期間	無期限	無期限
基準価額	10,000円（１万口当たり）	11,200円（１万口当たり）
購入時手数料	購入価額の3.30％（税込）	購入価額の3.30％（税込）
信託財産留保額	解約価額の0.2％	解約価額の0.3％
過去３年間の収益率の平均値（リターン）	９％	15％
過去３年間の収益率の標準偏差（リスク）	２％	５％

※上記以外の条件は考慮せず、各問に従うこと。

【問題28】 MさんはAさんに対し、X投資信託とY投資信託のパフォーマンス評価について説明した。Mさんが説明した以下の文章の空欄①～④に入る最も適切な語句または数値を、下記の〈語句群〉のイ～ルのなかから選び、その記号を解答用紙に記入しなさい。

「投資信託の運用パフォーマンスについては、シャープ・レシオを尺度として評価する方法があります。シャープ・レシオを求める際に利用する超過収益率は、収益率の平均値から（　①　）を差し引くことによって求められます。

仮に、（　①　）を１％として、X投資信託とY投資信託の過去３年間の運用パフォーマンスをシャープ・レシオで比較した場合、X投資信託のシャープ・レシオは（　②　）となり、Y投資信託のシャープ・レシオは（　③　）となります。したがって、過去３年間の運用パフォーマンスをシャープ・レシオで比較した場合は、（　④　）のほうが評価が高いということができます」

〈語句群〉

イ．2.8	ロ．3.0	ハ．3.2	ニ．4.0
ホ．4.5	へ．5.0	ト．X投資信託	チ．Y投資信託
リ．期待収益率	ヌ．標準偏差	ル．無リスク資産利子率	

答え	①		②		③		④	

【問題29】 Aさんが、特定口座を利用して《設例》の条件でX投資信託を500万口購入し、その後、基準価額10,500円（１万口当たり）で、すべて換金した場合の譲渡所得の金額を、解答用紙の手順に従い、計算過程を示して求めなさい。なお、Aさんは、これ以外にX投資信託を含む株式等の取引はしておらず、X投資信託から元本払戻金（特別分配金）は受け取っていないものとする。また、《設例》に挙げられているもの以外の費用等は考慮しないものとする。

答え　　　　円

【問題30】 2024年のNISA口座についてMさんが説明した次の記述①～③について、適切なものには○印を、不適切なものには×印を解答用紙に記入しなさい。

①「2024年中にNISA口座の成長投資枠を利用して70万円を投資していた場合、2025年には新たに410万円までの上場株式等を成長投資枠で受け入れることができます」

②「公社債投資信託はNISA口座に受け入れることができますが、公社債はNISA口座に受け入れることはできません」

③「NISA口座で生じた譲渡損失は、特定口座や一般口座内で生じた上場株式等の配当等や譲渡益と損益を通算することはできません」

答え	①		②		③	

9. 外貨運用

重要度 ★★

出題傾向	●外貨による資産運用については、5回に1回程度の頻度で出題されている。 ●外貨預金の利回り計算や外貨建てMMFの特徴などを理解しておく。

●TTSとTTB●

TTS	TTS（Telegraphic Transfer Selling Rate：対顧客電信売相場）とは、顧客が円を外国通貨に換える場合のレート。銀行側から見ると、外国通貨を顧客に売ったことになるので、“売相場”と呼ばれる
TTB	TTB（Telegraphic Transfer Buying Rate：対顧客電信買相場）とは、顧客が外国通貨を円に換える場合のレート。銀行側から見ると、外国通貨を顧客から買ったことになるので、“買相場”と呼ばれる

●外貨預金（外貨建て定期預金）●

概要	・ドル、ユーロなどの外貨建ての定期預金。利息も外貨でつく ・為替リスクがある。**円安になれば為替差益**、**円高になれば為替差損**が生じる	
期間・金利	定期預金（1ヵ月、3ヵ月、6ヵ月、1年など短期間が一般的）は固定金利	
中途解約	原則として、中途解約はできない	
税金	利息	20%（20.315%）源泉分離課税。マル優は利用できない
	為替差益	**雑所得**（先物予約をつけている場合は20%（20.315%）源泉分離課税）

●外貨預金の計算●

〈例〉米ドル建て外貨定期預金（1年もの）・預入金額：1万ドル・金利＝3.0%（税引き前）
※元本部分の為替差益に対する税金（雑所得）、復興特別所得税は考慮しない

	TTS	TTB
預入時	141円	139円
満期時	145円	143円

預入金額　　　：141円（預入時TTS）×10,000ドル＝1,410,000円
利息　　　　　：10,000ドル×3.0%＝300ドル
税金　　　　　：300ドル×20%＝60ドル
利息手取額　　：300ドル－60ドル＝240ドル
満期時合計　　：10,000ドル＋240ドル＝10,240ドル
受取り円換算額：10,240ドル×143円（満期時TTB）＝1,464,320円

円ベース利回り：$\dfrac{1{,}464{,}320\text{円} - 1{,}410{,}000\text{円}}{1{,}410{,}000\text{円}} \div 1\text{年} \times 100 \fallingdotseq 3.85\%$

●外貨建てMMF●

概要	投資信託会社によって外貨で運用される公社債投資信託
期間	自由
申込単位	ファンドによって異なる（申込手数料はかからない）
換金	購入日の翌日以降**いつでも換金できる**（換金手数料はかからない）
税金	分配金や売却益（為替差益）は**20%**（20.315%）の申告分離課税

【問　題】 Aさんは、1年ほど前に下記の米ドル建て外貨定期預金を行ったが、このほどその外貨預金が満期を迎えた。そこで、この外貨預金の円ベースの税引後実質利回りを下記の算式に基づいて計算した。この計算式の空欄（ア）～（ウ）に入る適切な数値を語群の中から選び、その番号を解答欄に記入しなさい。計算にあたり、為替差益・為替差損に対する税金および復興特別所得税については考慮しないこととし、計算式中の（Y）および（Z）については解答不要である。

〈外貨預金の条件〉

預入金額：10,000米ドル

預入期間：1年①

利　　率：2.00％（年）

為替レート（1米ドル）

	預入時	満期時
TTS②	140.00円	126.00円
TTB③	138.00円	124.00円

〈計算式〉

・元本(円貨)＝10,000米ドル×(ア)円＝(Y)円

・税引後元利受取金額(円貨)④＝(イ)米ドル×(ウ)円＝(Z)円

・利回り(％)⑤＝ $\dfrac{(Z)円-(Y)円}{(Y)円}$ ÷1年×100

〈語群〉

1．124.00　2．125.00　3．126.00　4．138.00　5．139.00
6．140.00　7．10,000　8．10,160　9．10,200

チェックポイント

①預入れ期間は設問の場合、1年間となっているが、必ずしも1年間とは限らない。1ヵ月や3ヵ月の場合もあり、その場合、利率は年表示となっているので、該当する月数で利息を計算しなおす必要がある。

②円貨から米ドルへ交換する場合、預入時の「TTS」で計算する。

③満期時に米ドルから円貨へ交換する場合、満期時の「TTB」で計算する。

④利息に対しては、所得税15%、住民税5％の合計20%（復興特別所得税を含むと20.315%）が源泉徴収される。

⑤利回りを求める場合、「(満期時の税引き後受取金額－当初の預入金額)÷当初の預入金額」で計算することができる。

正解　（ア）6　（イ）8　（ウ）1

・元本(円貨)＝10,000米ドル×140円＝1,400,000円

・税引後元利受取金額（円貨）：

10,000米ドル×2％＝200米ドル　200米ドル×0.8＝160米ドル

10,000米ドル＋160米ドル＝10,160米ドル

10,160米ドル×124円＝1,259,840円

・利回り(％)＝ $\dfrac{1,259,840円-1,400,000円}{1,400,000円}$ ÷1年×100≒△10.01％

チャレンジ問題 解答・解説は150ページ

【設問】 次の設例に基づいて、下記の【問題31】～【問題33】に答えなさい。

《設例》

会社役員のAさん（52歳）は、これまで上場株式を中心に投資してきたが、通貨の分散を図る観点から、最近は外貨運用に興味を持っている。Aさんは、まずは米ドル建てMMFおよび下記の米ドル建て定期預金にそれぞれ投資（預入れ）し、その後は外国為替相場の動向を注視しながら、投資（預入れ）額の増減を検討するつもりである。

また、Aさんは、証券会社の営業担当者から「非課税口座内の少額上場株式等に係る配当所得および譲渡所得等の非課税措置（以下、当該非課税措置は『NISA』、当該非課税口座は『NISA口座』という）」を利用して、上場株式を追加購入することを勧められているが、その内容等について、改めて確認したいと考えている。なお、Aさんが現在保有している上場株式は、特定口座の源泉徴収選択口座内で保管されている。

そこで、Aさんは、ファイナンシャル・プランナーのMさんに相談することにした。

〈米ドル建て定期預金の概要〉

・預入金額　　：10,000米ドル
・預入期間　　：６ヵ月満期
・利率（年率）：5.00％（満期時一括支払）
・適用為替レート（円／米ドル）

	TTS	TTM	TTB
預入時	146.00	145.00	144.00
満期時	151.00	150.00	149.00

※上記以外の条件は考慮せず、各問に従うこと。

【問題31】 外貨建てMMFに関する次の記述①～③について、適切なものには○印を、不適切なものには×印を解答用紙に記入しなさい。

①外貨建てMMFを購入する際には購入時手数料が不要であるが、外貨建てMMFを購入から30日未満で換金した場合には、換金代金から信託財産留保額が徴収される。

②外貨建てMMFは、その運用実績に応じて毎ファンド営業日に分配が行われ、月末最終営業日等にその月の分配金がまとめて元本に再投資される仕組みになっている。

③外貨建てMMFを2024年に換金した場合、売却益は原則として非課税である。

答え	①		②		③	

【問題32】 Aさんが、《設例》の条件で円貨を米ドルに換えて米ドル建て定期預金を行って満期を迎えた場合の円ベースでの運用利回り（単利による年換算）を、計算過程を示して求めなさい。なお、預入期間6ヵ月は0.5年として計算すること。また、税金や《設例》に記載されているもの以外の費用等は考慮しないものとし、〈答え〉は%表示の小数点以下第3位を四捨五入すること。

答え	%

【問題33】 2024年におけるNISAについてMさんが説明した次の記述①～③について、適切なものには○印を、不適切なものには×印を解答用紙に記入しなさい。

①「NISA口座は、2024年中に銀行と証券会社でそれぞれ1人1口座ずつ開設することができます」

②「Aさんは、年間240万円を上限に、特定口座内で保管されている上場株式をNISA口座に移管することができます」

③「NISA口座内で生じた上場株式に係る譲渡損失の金額は、特定口座内で生じた上場株式に係る譲渡所得の金額と損益通算することができません」

答え	①		②		③	

10. 所得税の計算

重要度
★★★

出題傾向	●所得税の計算問題は毎回出題されている。 ●所得税の計算は流れに沿って最後までできるようにしておく。

●所得税の計算の流れ●

（1）各種所得の計算→各種の所得ごとに「所得金額」を計算する

・基本式：所得金額＝収入金額－必要経費

・給与所得や公的年金（雑所得）の場合には、給与所得控除や公的年金等控除がみなし必要経費となる。（速算表は問題文の中に掲載されるので、使い方を覚えておく）

〈覚えておきたいポイント〉

・給与所得の場合

給与所得＝給与収入－**給与所得控除**

↓

〔給与所得控除額の速算表〕

給与収入金額	給与所得控除額
～ 162.5万円以下	55万円
162.5万円超～ 180 万円以下	収入金額×40％－10万円
180 万円超～ 360 万円以下	収入金額×30％＋８万円
360 万円超～ 660 万円以下	収入金額×20％＋44万円
660 万円超～ 850 万円以下	収入金額×10％＋110万円
850 万円超～	195万円（上限）

・公的年金（老齢年金の場合）は雑所得となる

雑所得（公的老齢年金）＝年金収入－**公的年金等控除額**

↓

〔公的年金等控除額の速算表〕

65歳未満

公的年金等収入	公的年金等以外の合計所得金額		
	1,000万円以下	1,000万円超 2,000万円以下	2,000万円超
130万円以下	60万円	50万円	40万円
130万円超 410万円以下	年金収入×25％ ＋27.5万円	年金収入×25％ ＋17.5万円	年金収入×25％ ＋7.5万円
410万円超 770万円以下	年金収入×15％ ＋68.5万円	年金収入×15％ ＋58.5万円	年金収入×15％ ＋48.5万円
770万円超 1,000万円以下	年金収入×５％ ＋145.5万円	年金収入×５％ ＋135.5万円	年金収入×５％ ＋125.5万円
1,000万円超	195.5万円	185.5万円	175.5万円

65歳以上

公的年金等収入	公的年金等以外の合計所得金額		
	1,000万円以下	1,000万円超 2,000万円以下	2,000万円超
330万円以下	110万円	100万円	90万円
330万円超 410万円以下	年金収入×25％ ＋27.5万円	年金収入×25％ ＋17.5万円	年金収入×25％ ＋7.5万円
410万円超 770万円以下	年金収入×15％ ＋68.5万円	年金収入×15％ ＋58.5万円	年金収入×15％ ＋48.5万円
770万円超 1,000万円以下	年金収入×５％ ＋145.5万円	年金収入×５％ ＋135.5万円	年金収入×５％ ＋125.5万円
1,000万円超	195.5万円	185.5万円	175.5万円

（注）公的年金等控除額は65歳未満と65歳以上では計算方法が異なるので、問題が出た場合には、該当者が何歳であるのかを確認した上で計算する

・満期保険金（保険料負担者と受取人が同じ場合）は一時所得となる

一時所得＝保険金受取額（満期保険金）－払込保険料－**特別控除（50万円）**

【問１】 次の①～③の場合、給与所得の金額がそれぞれいくらになるか計算しなさい（ただし、所得金額調整控除は考慮しない）。

① 給与収入：500万円①

② 給与収入：800万円①

③ 給与収入：1,100万円①

【問２】 公的年金等以外の合計所得金額が1,000万円以下で、公的年金の収入が次の④～⑥の場合、雑所得の金額がいくらになるか計算しなさい。

④ 公的年金の収入：200万円（年齢63歳）②

⑤ 公的年金の収入：250万円（年齢66歳）②

⑥ 公的年金の収入：350万円（年齢70歳）②

【問３】 次の⑦～⑧の場合、一時所得の金額がいくらになるか計算しなさい。なお、保険料負担者と受取人が同じとする。

⑦ 満期保険金500万円（払込保険料300万円）

⑧ １年間にＡ生命保険から300万円（払込保険料200万円）、Ｂ生命保険から200万円（払込保険料150万円）を受け取った③

チェックポイント

①給与所得控除額の速算表（左ページ）の収入の区分に応じて給与所得控除額を算出し、収入金額から差し引く。

②公的年金等控除額の速算表（左ページ）の年齢と収入の区分に応じて公的年金等控除額を算出し、収入金額から差し引く。

③一時所得の特別控除は１年間で最高50万円。

正解

【問１】

①500万円－（500万円×20％＋44万円）＝356万円　　①答え　356万円

②800万円－（800万円×10％＋110万円）＝610万円　　②答え　610万円

③1,100万円－195万円＝905万円　　③答え　905万円

【問２】

④200万円－（200万円×25％＋27.5万円）＝122.5万円　　④答え　122.5万円

⑤250万円－110万円＝140万円　　⑤答え　140万円

⑥350万円－（350万円×25％＋27.5万円）＝235万円　　⑥答え　235万円

【問３】

⑦500万円－300万円－50万円＝150万円　　⑦答え　150万円

⑧（300万円＋200万円）－（200万円＋150万円）－50万円＝100万円　　⑧答え　100万円

(2) 所得金額の総合→総合課税となる所得金額を合計して「総所得金額」を算出する

〈覚えておきたいポイント①〉

・一時所得については、2分の1に相当する金額が他の所得と合計される

〈覚えておきたいポイント②〉

・**損益通算**：不動産所得・事業所得・山林所得・譲渡所得の4つの所得に赤字が生じた場合、他の黒字の所得から赤字部分の金額を差し引くことができる

・ただし、不動産所得のうち土地を取得するために要した負債の利子、株式の譲渡による損失、一定の居住用財産を除く別荘などの不動産の譲渡による損失、ゴルフ会員権の譲渡による損失などは、損益通算の対象とならない

(3) 所得控除の計算→基礎控除、配偶者控除など15種類の「所得控除」を計算する

〈覚えておきたいポイント〉

社会保険料控除	支払った保険料全額が控除額
医療費控除	通常、「**医療費－保険金等で補てんされた金額－10万円**」が控除額 ＊2017年から医療費控除の特例として、**セルフメディケーション税制**が新設された。 一定のスイッチOTC医薬品（医療用から一般用に転用された医薬品）を購入した場合で、実質負担金額が**1万2,000円**を超えたときは、その超えた金額（**8万8,000円**が上限）が所得控除額となる。通常の医療費控除額との**重複適用不可**。
生命保険料控除	一般生命保険料控除、個人年金保険料控除、介護医療保険料控除をそれぞれ年間8万円以上を支払った場合、控除額はそれぞれ**4万円**、合計限度額**12万円**（2012年1月1日以後に締結された契約）。
配偶者控除	配偶者控除は、**納税者本人の合計所得金額**（以下、所得）**が1,000万円以下**で、**配偶者の所得が48万円以下**の場合に適用を受けられる。 納税者の所得 ／ 控除額 900万円以下 ／ **38万円**（48万円） 950万円以下 ／ 26万円（32万円） 1,000万円以下 ／ 13万円（16万円） （　）内は老人控除対象配偶者（70歳以上）
配偶者特別控除	配偶者控除は、**納税者本人の合計所得金額**（以下、所得）**が1,000万円以下**で、**配偶者の所得が48万円超133万円以下**の場合に適用を受けられる。 納税者の所得 ／ 控除額 900万円以下 ／ 3万円～38万円 950万円以下 ／ 2万円～26万円 1,000万円以下 ／ 1万円～13万円 控除額は、納税者の所得と配偶者の所得に応じて決まる
扶養控除	・一般の扶養親族（**16歳以上**19歳未満、23歳以上70歳未満）…**38万円** **・特定扶養親族（19歳以上23歳未満）…63万円** ・老人扶養親族（70歳以上）…48万円、同居老親等は58万円 ＊16歳未満の年少扶養親族は、扶養控除はなし。 ＊合計所得金額要件は48万円以下。
地震保険料控除	地震保険料に係わる掛金の全額を所得控除する（最高**5万円**）
基礎控除	合計所得金額2,400万円以下の場合**48万円**、2,450万円以下**32万円**、2,500万円以下**16万円**、2,500万円超は**0円**（2020年分の所得税より適用）。

(4) 課税総所得金額の計算→総所得金額から所得控除を差し引く

【問4】 次の設例に基づき、①～③の金額を計算しなさい。

〈Aさんに関するデータ〉

1．2023年の収入の状況

・給与収入：800万円

・生命保険の満期保険金①：500万円（保険期間10年、保険料はすべてAさんが負担し、払込保険料総額は300万円）

・原稿料・講演料として60万円の収入があった（必要経費20万円）②

・株式を譲渡して50万円の損失が生じた③

2．家族状況その他

・妻（専業主婦・収入なし）④

・子2人（19歳⑤と15歳⑥・収入なし）

・社会保険料の年間支払額：89万円⑦

・一般の生命保険の年間支払保険料（2012年1月1日以後に加入）：12万円⑧

・医療費（病気で入院等）の支出額：5万円⑨

①Aさんの総所得金額はいくらになるか。

②Aさんの所得税を計算する上で、所得控除の合計はいくらになるか。

③Aさんの課税総所得金額はいくらになるか。

チェックポイント

①一時所得となり、一時所得の1／2が他の所得と総合される。

②雑所得となり、「収入金額−必要経費」が所得金額となる。なお、この所得金額が20万円以下のときは確定申告不要。

③株式の譲渡損は損益通算の対象外。他の所得の黒字と差し引きできない。

④Aさんの合計所得が900万円以下で、妻の収入はなしなので、配偶者控除38万円の適用が受けられる。なお、配偶者特別控除の適用はない。

⑤特定扶養親族となり、控除額は63万円。

⑥年少扶養親族（16歳未満）は扶養控除なし。

⑦全額が控除額。

⑧支払保険料8万円以上なので控除額4万円。(平成24年1月1日以後に加入したもの)

⑨医療費10万円以下なので控除なし。

正解

①・給与所得：610万円（問1の②参照）

・一時所得：150万円（問3の⑦参照）

・雑所得：60万円－20万円＝40万円

∴総所得金額＝610万円＋150万円×1／2＋40万円＝725万円　①答え　725万円

②社会保険料控除89万円＋生命保険料控除4万円＋配偶者控除38万円＋扶養控除(特定扶養親族)63万円＋基礎控除48万円＝242万円

②答え　242万円

③725万円－242万円＝483万円　③答え　483万円

(5) 算出税額の計算→課税総所得金額に税率をかける

算出税額＝課税総所得金額×**税率－控除額**

〔所得税の税額速算表〕

課税総所得金額(A)	税率(B)	控除額(C)
195万円以下	5%	—
195万円超　330万円以下	10%	97,500円
330万円超　695万円以下	20%	427,500円
695万円超　900万円以下	23%	636,000円
900万円超 1,800万円以下	33%	1,536,000円
1,800万円超 4,000万円以下	40%	2,796,000円
4,000万円超	45%	4,796,000円

※速算表による税額の計算：
税額＝(A)×(B)－(C)

2013年から2037年までの25年間は基準所得税額の2.1%の復興特別所得税が加わる。

(注)所得税の速算表は、問題の中に掲載される。

(6) 税額控除を差し引く→住宅借入金等特別控除などの税額控除を算出税額から差し引く

算出税額－税額控除＝差引所得税額

〈覚えておきたいポイント〉

〈住宅借入金等特別控除〉

控除額＝年末借入金残高×**控除率0.7%**　控除期間、借入金残高の限度額は下記のとおり。

住宅の区分		2022年・2023年の入居		2024年・2025年の入居	
		控除期間	残高限度額	控除期間	残高限度額
新築 買取再販	認定住宅	**13年**	5,000万円	**13年**	4,500万円※2
	ZEH水準省エネ	**13年**	4,500万円	**13年**	3,500万円※2
	省エネ基準	**13年**	4,000万円	**13年**	3,000万円※2
	一般	**13年**	3,000万円	10年	0円※3
中古住宅	認定住宅等※1	10年	3,000万円	10年	3,000万円
	一般	10年	2,000万円	10年	2,000万円

※1　「認定住宅等」は、認定長期優良住宅・認定低炭素住宅、ZEH水準省エネ住宅、省エネ基準適合住宅のことを指す。

※2　18歳以下の扶養親族を有する者、または自身もしくは配偶者が39歳以下の者が2024年に入居する場合は、新築・買取再販の借入限度額は下記のとおり引き上げられる。

※3　2024年以降、省エネ基準を満たしていない住宅は控除の適用なし。ただし、2023年までに建築確認を受けているか、登記簿上の建築日が2024年6月30日以前の場合は適用される(限度額2,000万円、控除期間10年)。

認定住宅	ZEH水準省エネ住宅	省エネ基準適合住宅
5,000万円	4,500万円	4,000万円

(注1)住宅借入金等特別控除の控除額が年間の所得税額を超える場合、控除しきれなかった分は翌年度の個人住民税から課税総所得金額の5%(最高9万7,500円)まで控除を受けられる。

(注2)控除を受けるには床面積50㎡以上が要件となるが、2024年12月31日までの建築確認が取れれば、合計所得金額が1,000万円以下の者であれば、40㎡以上50㎡未満のものも対象。

〈配当控除〉

控除額	配当所得の**10%**(ただし、課税総所得金額等が1,000万円を超える場合には、その超える部分は5%)

(7) 申告納税額→給与やその他の収入から源泉徴収された税額を差し引く

差引所得税額－源泉徴収税額＝申告納税額

(注)源泉徴収税額を差し引いて申告納税額がマイナスになる場合には、所得税の還付が受けられる。

【問５】 【問４】のＡさんは、2024年１月に下記の住宅を契約・購入し居住した。これに基づき、①～②の金額を計算しなさい。なお、復興特別所得税は考慮しない。

・契約・購入した住宅：床面積が50㎡以上で、かつ省エネ基準を満たしている
・住宅の取得価額：3,500万円
・調達資金：自己資金　1,000万円
　　　　　　銀行借入金　2,500万円
・借入金の年末残高は2,400万円とし、住宅借入金等特別控除の適用を受けるものとする。

①Ａさんの所得税の算出税額はいくらになるか。
②税額控除後の差引所得税額はいくらになるか。

チェックポイント

2024年から、一定の省エネ基準を満たしていない住宅は、住宅借入金等特別控除の対象とならないことになった（2023年までに建築確認を受けているか、登記簿上の建築日が2024年６月30日以前の場合は除く）。しかし、設問では、Ａさんが契約・購入した住宅は省エネ基準を満たしているとあるので、この点で、控除の対象から外れることはない。

また、Ａさんの銀行借入金は2,500万円とあるが、住宅借入金等特別控除の対象となるのは年末の借入金残高である。よって、2,500万円ではなく、2,400万円の0.7％が控除額となる。

正解

①　483万円（課税総所得金額）×20％（税率）－42.75万円（控除額）＝53.85万円

①答え　53.85万円

②　住宅借入金等特別控除＝2,400万円×0.7％＝16.8万円
53.85万円（算出税額）－16.8万円（税額控除）＝37.05万円

②答え　37.05万円

＊給与等から源泉徴収された税額が②の所得税の税額より多い場合、確定申告することにより、その差額が還付される。

11. 源泉徴収票

重要度 ★★

出題傾向	●源泉徴収票を使った問題が出題されたことがあるので、源泉徴収票の見方を理解しておきたい。

●給与所得の源泉徴収票●

・給与所得者は、年末調整によって所得税が精算される。年末調整の結果は、「給与所得の源泉徴収票」に記載される

〈例〉　令和 6 年分　**給与所得の源泉徴収票**

支払を受ける者	住所又は居所	
		(受給者番号)
		(役職名)
		氏名 (フリガナ) A

種別	支払金額	給与所得控除後の金額	所得控除の額の合計額	源泉徴収税額
給与・賞与	内 ① 6 000千 000円	② 4 360千 000円	③ 1 800千 000円	内 ④ 161千 800円

(源泉)控除対象配偶者の有無等		老人	配偶者(特別)控除の額	控除対象扶養親族の数(配偶者を除く。)⑥ 特定		老人			その他		16歳未満扶養親族の数	障害者の数(本人を除く。)特別		その他	非居住者である親族の数
有	従有		千 円	人	従人	内	人	従人	人	従人	人	内	人	人	人
⑤○			⑤ 380 000								1				

社会保険料等の金額	生命保険料の控除額	地震保険料の控除額	住宅借入金等特別控除の額
内 ⑦ 867千 000円	⑧ 50千 000円	⑨ 23千 000円	千 円

(摘要)

特別控除可能額	(2回目)	控除区分(2回目)	年末残高(2回目)

(源泉・特別)控除対象配偶者	(フリガナ) 氏名 B	区分	配偶者の合計所得	⑤ 0円	国民年金保険料等の金額	円	旧長期損害保険料の金額	円

①１年間に支給を受けた給与と賞与を合計した給与収入（税込金額）
②給与収入から給与所得控除（みなし必要経費）を差し引いた金額、これが給与所得の金額となる
③所得控除の合計額。この金額は源泉徴収票の下段の資料から算出することができる

配偶者控除（⑤）　380,000円→「（源泉）控除対象配偶者の有無等」欄の「有」に○印があり、「配偶者（特別）控除の額」欄に380,000円が記載されている。なお、配偶者控除額は、平成30年から給与所得者本人の所得金額に応じて変動する

社会保険料控除（⑦）867,000円
生命保険料控除（⑧）　50,000円
地震保険料控除（⑨）　23,000円
}　各欄の記載金額

基礎控除　480,000円　（令和２年以降は総所得金額2,400万円まで48万円。2,450万円以下32万円、2,500万円以下16万円、2,500万円超は０円）

（合計）⑤+⑦+⑧+⑨　1,800,000円

扶養控除（⑥）………「特定」＝19歳以上23歳未満の特定扶養親族、「老人」＝70歳以上の老人扶養親族、「その他」＝16歳以上19歳未満・23歳以上70歳未満の控除対象扶養親族。Aさんの場合、扶養親族が１人いるが、16歳未満なので、扶養控除の適用はない

④「源泉徴収税額」……年末調整が行われた場合には年税額を記入。源泉徴収票には年末調整による過不足額の記録はない

【問　題】 下記の海山一郎さんの源泉徴収票に関する次の記述のうち、適切なものに○印を、不適切なものには×印を解答欄に記入しなさい。

令和 6 年分　**給与所得の源泉徴収票**

支払を受ける者	住所又は居所：東京都○○区△△1－1－1	(受給者番号) (役職名) 氏名 (フリガナ) ウミヤマ　イチロウ 海山　一郎

種別	支払金額	給与所得控除後の金額	所得控除の額の合計額	源泉徴収税額
給与・賞与	内 5 000千 000円	＊＊＊＊＊＊	＊＊＊＊＊＊	内 ＊＊＊＊＊＊

(源泉)控除対象配偶者の有無等 有	従有	老人	配偶者(特別)控除の額	控除対象扶養親族の数(配偶者を除く。) 特定	従人	老人 内	人	従人	その他	従人	16歳未満扶養親族の数	障害者の数(本人を除く。) 特別 内	人	その他	非居住者である親族の数
○			380千 000円						1						

社会保険料等の金額	生命保険料の控除額	地震保険料の控除額	住宅借入金等特別控除の額
内 ＊＊＊千 ＊＊＊円	＊＊＊千 ＊＊＊円	千 円	千 円

(摘要)

(源泉・特別)控除対象配偶者	氏名 (フリガナ) ウミヤマ　ユミコ 海山 由美子	区分	配偶者の合計所得	0 円	国民年金保険料等の金額	円	旧長期損害保険料の金額	円

① 「社会保険料等の金額」は、「所得控除の額の合計額」には含まれていない。①

② 妻の由美子さんは、配偶者控除の適用を受けており、控除額は38万円である。②

③ 「扶養親族の数（配偶者を除く）」の「その他」の欄に「1」とあるので、扶養控除の対象となる親族は特定扶養親族ではない。③

チェックポイント

①社会保険料は支払った全額が社会保険料控除になるので、所得控除の合計額の中に、「社会保険料等の金額」も全額含まれている。

②「（源泉）控除対象配偶者」の「有」の欄に○印があることから、配偶者控除の適用を受けており、控除額が38万円であることがわかる。もし、配偶者が老人控除対象配偶者に該当する場合、「老人」の欄に○印が付く。

③「控除対象扶養親族の数(配偶者を除く)」の「その他」の欄に「1」人と記入されているので、扶養控除対象者は特定扶養控除の対象者ではないことがわかる。もし、特定扶養控除の対象者に該当する場合は「特定」の欄にその人数が記入される。

正解
① ×
② ○
③ ○

12. 退職所得

重要度 ★★

出題傾向	●退職所得からの出題は退職所得控除額と退職所得の金額の計算が中心となるので、ポイントを理解しておくこと。

●退職所得の取り扱い●

・退職金、退職手当など、退職により一時に受ける給与は「退職所得」となる
・退職所得は、他の所得と切り離して分離課税される
・「退職所得の受給に関する申告書」を会社に提出することにより、所得税・住民税が退職支給時に源泉（特別）徴収される

●退職所得の計算方法●

退職所得の金額＝（収入金額－**退職所得控除額**）×１／２

〔退職所得控除額の計算〕

勤続年数	退職所得控除額
20年以下	**勤続年数×40万円（最低80万円）**
20年超	**800万円＋70万円×（勤続年数－20年）** または **70万円×勤続年数－600万円**

（注）勤続年数の端数は、切り上げる（例：20年３ヵ月→21年）

※2013年から、勤続５年以下の役員等の場合は「×1／2」を廃止。
2022年からは、役員等以外でも勤続５年以下の人は、退職所得控除後の金額のうち300万円超の部分は「×1／2」を廃止。

（注）病気等による長期欠勤および休職の期間も勤続年数に含まれる

●退職所得の税金●

・**所得税**
退職所得の金額×所得税の税率－控除額＝所得税の税額
・**住民税**
退職所得の金額×住民税の税率（10%）＝住民税の税額

【問　題】　Aさんは勤務先を定年退職し、2,000万円の退職金を受け取った。この場合の退職所得①における所得税額として、正しいものはどれか。退職時のAさんの勤続年数は23年6ヵ月②とする。なお、税額の計算に際しては、退職所得から差し引く所得控除はないものとし③（所得控除はすべて総合課税となる所得から差し引かれるものとする）、税額控除、復興特別所得税、本問に記載のないデータ、情報等については考慮しないこと。

〈所得税の速算表〉

退職所得の金額（A）	税率(B)	控除額（C）	計算式
195万円以下	5％	－	（A）に対する税額＝（A）×（B）－（C）
195万円超　330万円以下	10%	97,500円	
330万円超　695万円以下	20%	427,500円	
695万円超　900万円以下	23%	636,000円	
900万円超　1,800万円以下	33%	1,536,000円	
1,800万円超　4,000万円以下	40%	2,796,000円	
4,000万円超	45%	4,796,000円	

1．　492,500円
2．　612,500円
3．1,500,000円
4．1,896,000円

チェックポイント

①退職所得＝(収入金額－退職所得控除額）×１／２

②退職所得控除額は、勤続年数（20年超または20年未満）によって異なる（左のページ参照）。また、勤続年数に１年未満の端数がある場合、切り上げる。

③総合課税となる所得から差し引くことができなかった所得控除については、退職所得を計算する際に、その金額を差し引くことができる。

正解　答え　1

勤続年数：23年６ヵ月→24年
退職所得控除額：800万円＋70万円×（24年－20年）＝1,080万円
退職所得の金額：(2,000万円－1,080万円）×１／２＝460万円
所得税額：460万円×20%－42.75万円＝49.25万円

チャレンジ問題

解答・解説は150ページ～

【設問】 次の設例に基づいて、下記の【問題34】～【問題36】に答えなさい。

〈設例〉

Ａさん（60歳）は、妻Ｂさん（55歳）、長男Ｃさん（21歳）および長女Ｄさん（17歳）との４人家族である。Ａさんは、2024年６月25日にそれまで勤務していたＸ社を退職し、Ｘ社から支給された退職金、および契約していた生命保険契約の解約返戻金を開業資金の一部として利用し、同年７月１日から個人事業主として小売業を営んでいる。なお、Ａさんは青色申告の承認申請書を期限内に提出している。Ａさんの2024年分の収入等に関する資料等は、以下のとおりである。

＜Ａさんの家族構成＞

・Ａさん　　：個人事業主
・妻Ｂさん　：2024年中にパートタイマーとして給与収入1,200,000円を得ている。なお、Ａさんの青色事業専従者ではない。
・長男Ｃさん：大学生。2024年中にアルバイトにより給与収入1,000,000円を得ている。
・長女Ｄさん：高校生。2024年中に収入はない。

＜Ａさんの2024年分の収入等に関する資料＞

・給与収入の金額　　　　　：4,800,000円
・事業所得の金額　　　　　：2,550,000円（青色申告特別控除後の金額）
・生命保険契約の解約返戻金額：9,000,000円
・退職所得の金額　　　　　：15,000,000円

Ａさんは退職金の支給を受ける際に「退職所得の受給に関する申告書」を提出している。

＜Ａさんが2024年中に解約した生命保険契約に関する資料＞

保険の種類　　　　　　：一時払変額個人年金保険
契約年月日　　　　　　：2000年３月１日
契約者（＝保険料負担者）：Ａさん
解約返戻金額　　　　　：9,000,000円
正味払込保険料　　　　：7,200,000円

※妻Ｂさん、長男Ｃさんおよび長女Ｄさんは、Ａさんと同居し、生計を一にしている。
※家族は、いずれも障害者または特別障害者には該当しない。
※家族の年齢は、いずれも2024年12月31日現在のものである。
※上記以外の条件は考慮せず、各問に従うこと。

【問題34】 青色申告に関する以下の文章の空欄①〜④に入る最も適切な語句を、下記の〈語句群〉のイ〜ヲのなかから選び、その記号を解答用紙に記入しなさい。

ｉ）不動産所得、事業所得または山林所得を生ずべき業務を行う者が、一定の帳簿書類を備え付け、所轄税務署長に対して青色申告の承認申請を行い、その承認を受けた場合、所得税について青色申告書を提出することができる。青色申告承認申請書の提出期限は、原則として、青色申告をしようとする年の（　①　）まで（その年１月16日以後新たに業務を開始した場合、その業務を開始した日から（　②　）以内）である。

ⅱ）青色申告者が受けられる税務上の特典として、青色申告特別控除、青色事業専従者給与の必要経費算入、純損失の繰戻還付、最長（　③　）の純損失の繰越控除などがある。不動産所得または事業所得を生ずべき事業を営む青色申告者が、その取引の内容を正規の簿記の原則により記帳し、それに基づいて作成した貸借対照表等を添付した確定申告書を法定申告期限内に電子申告で提出した場合の青色申告特別控除の控除額は、最高（　④　）である。

〈語句群〉

イ．１月15日	ロ．３月15日	ハ．３月31日	ニ．２ヵ月	ホ．３ヵ月
ヘ．４ヵ月	ト．３年間	チ．７年間	リ．10年間	ヌ．38万円
ル．65万円	ヲ．103万円			

答え

①		②		③		④	

【問題35】 Ａさんの2024年分の所得税に関する次の記述①〜③について、適切なものには○印を、不適切なものには×印を解答用紙に記入しなさい。

①Ａさんは妻Ｂさんについて配偶者控除の適用を受けることができ、その控除額は38万円である。

②Ａさんは長男Ｃさんおよび長女Ｄさんについて扶養控除の適用を受けることができ、その控除額は76万円である。

③Ａさんは退職金の支給を受ける際に「退職所得の受給に関する申告書」を提出しているため、原則として、その退職所得について所得税の確定申告は不要である。

答え

①		②		③	

【問題36】　Ａさんの2024年分の各種所得の金額および総所得金額を計算した下記の表および文章の空欄①～③に入る最も適切な数値を求めなさい。なお、問題の性質上、明らかにできない部分は「□□□」で示してある。

Ａさんの2024年分の各種所得の金額は、以下の表のとおりである。

各種所得	各種所得の金額
事業所得の金額	2,550,000円
給与所得の金額	（　①　）円
一時所得の金額	（　②　）円
退職所得の金額	□□□円

以上から、Ａさんの2024年分の総所得金額は、（　③　）円となる。

＜資料＞

給与所得控除額

給与収入金額	給与所得控除額
万円超　　万円以下	
～　162.5	55万円
162.5 ～ 180	収入金額×40％－ 10万円
180 ～ 360	収入金額×30％＋ 8万円
360 ～ 660	収入金額×20％＋ 44万円
660 ～ 850	収入金額×10％＋110万円
850 ～	195万円

答え

①	円	②	円	③	円

【設問】 次の設例に基づいて、下記の【問題37】～【問題39】に答えなさい。

〈設例〉

会社員のＡさん（50歳）は、妻Ｂさん（48歳）および長女Ｃさん（22歳）との３人家族である。Ａさんは2024年４月に住宅ローン（銀行借入金）を利用して新築マンションを契約・取得している。

Ａさんの2024年分の収入等に関する資料は、以下のとおりである。

＜Ａさんの家族構成＞
・Ａさん　：会社員
・妻Ｂさん　：2024年中にパートにより給与収入80万円を得ている。
・長女Ｃさん：大学４年生。2024年中にアルバイトにより給与収入20万円を得ている。

＜Ａさんの2024年分の収入等に関する資料＞
・給与収入の金額：830万円
・課税総所得金額：422万2,000円

＜Ａさんが取得した住宅および借入金の概要＞
・住宅（新築マンション。Ａさんの名義）を2024年４月に契約・取得し居住。
・家屋の床面積　：60㎡
・敷地権を含む家屋の取得価額：4,800万円
（この取得価額には家屋売買代金に対する消費税（10％）相当額等288万円が含まれる）
・資金調達：自己資金：1,600万円
銀行借入金：3,200万円（20年の割賦償還。2024年の年末残高は3,130万円）
・取得した住宅はZEH水準省エネ住宅に該当する。

※妻Ｂさんおよび長女Ｃさんは、Ａさんと同居し、生計を一にしている。
※家族は、いずれも障害者および特別障害者には該当しない。
※家族の年齢は、いずれも2024年12月31日現在のものである。

※上記以外の条件は考慮せず、各問に従うこと。

【問題37】 Aさんの2024年分の所得税の計算等に関する次の記述①～③について、適切なものには○印を、不適切なものには×印を解答用紙に記入しなさい。

①Aさんは、所得税の基礎控除の適用を受けることができる。
②妻Bさんの合計所得金額は48万円を超えているため、Aさんは妻Bさんについて配偶者控除の適用を受けることはできないが、配偶者特別控除の適用を受けることができる。
③長女Cさんの合計所得金額は48万円以下であるため、Aさんは長女Cさんについて63万円の扶養控除の適用を受けることができる。

答え

①		②		③	

【問題38】 所得税における住宅借入金等特別控除に関する以下の文章の空欄①～⑤に入る最も適切な語句または数値を、下記の〈語句群〉のイ～ルのなかから選び、その記号を解答用紙に記入しなさい。

住宅借入金等特別控除は、住宅ローン等を利用して居住用住宅の新築、取得または増改築等をし、自己の居住の用に供した場合で一定の要件を満たすとき、借入金等の年末残高を基として計算した金額をその年分以後の各年分の所得税額から控除するものであり、その主な適用要件は、以下のとおりである。

・新築または取得の日から（ ① ）以内に居住の用に供し、原則として適用を受ける各年の12月31日まで引き続いて住んでいること
・適用を受ける年分の合計所得金額が2,000万円以下であること
・新築または取得をした住宅の床面積が（ ② ）㎡以上であり、床面積の（ ③ ）の部分がもっぱら自己の居住の用に供するものであること。ただし、合計所得金額が1,000万円以下の者は、床面積（ ④ ）㎡以上（ ② ）㎡未満のものも対象となる
・借入金等は、新築または取得のための一定の借入金等で、（ ⑤ ）年以上にわたり分割して返済する方法になっているものであること

〈語句群〉

イ．３ヵ月	ロ．４ヵ月	ハ．６ヵ月	ニ．10	ホ．20	ヘ．30
ト．40	チ．50	リ．３分の１以上	ヌ．２分の１以上	ル．全部	

答え

①		②		③		④		⑤	

【問題39】 Aさんの2024年分の所得税において、住宅借入金等特別控除の適用を受けた場合の申告納税額または還付税額を計算した下記の表の空欄①～③に入る最も適切な数値を求めなさい。なお、問題の性質上、明らかにできない部分は□□□で示してある。

（a）総所得金額		（ ① ）円
	社会保険料控除　　：　□□□円	
	生命保険料控除　　：　□□□円	
	地震保険料控除　　：　□□□円	
	配偶者控除・配偶者特別控除：　□□□円	
	基礎控除　　：　□□□円	
	⋮	⋮
（b）所得控除の額の合計額		□□□円
（c）課税総所得金額		4,222,000円
（d）算出税額（cに対する所得税額）		（ ② ）円
（e）税額控除（住宅借入金等特別控除）		（ ③ ）円
（f）差引所得税額（基準所得税額）		□□□円
（g）復興特別所得税額		□□□円
（h）所得税および復興特別所得税額		□□□円
（i）所得税および復興特別所得税の源泉徴収税額		□□□円
（j）所得税および復興特別所得税の申告納税額または還付税額		□□□円

＜資料＞

給与所得控除額

給与収入金額	給与所得控除額
万円超　万円以下	
～　162.5	55万円
162.5　～　180	収入金額×40％－　10万円
180　～　360	収入金額×30％＋　8万円
360　～　660	収入金額×20％＋　44万円
660　～　850	収入金額×10％＋110万円
850　～	195万円

所得税の速算表

課税総所得金額	税率	控除額
万円超　万円以下	％	万円
195	5	――
195　～　330	10	9.75
330　～　695	20	42.75
695　～　900	23	63.6
900　～　1,800	33	153.6
1,800　～　4,000	40	279.6
4,000　～	45	479.6

答え ①　　　　円 ②　　　　円 ③　　　　円

【設問】 次の設例に基づいて、下記の【問題40】～【問題42】に答えなさい。

〈設例〉

会社員のＡさん（45歳）は、妻Ｂさん（42歳）および長男Ｃさん（21歳）との３人家族である。Ａさんは、非上場企業Ｘ社の株式（Ｘ社株式）を８年前に父から相続により取得し、毎年配当金を受け取っており、2024年中にはＸ社株式に係る配当金80万円（源泉徴収前）を受け取っている。なお、このＸ社株式を取得するための借入金はない。また、Ａさんは、2024年中に、加入していた下記の生命保険を解約し、解約返戻金を受け取っている。

Ａさんの2024年分の収入等に関する資料等は、以下のとおりである。

＜Ａさんの家族構成＞

・Ａさん　　：会社員
・妻Ｂさん　：専業主婦。2024年中にパートタイマーとして給与収入110万円を得ている。
・長男Ｃさん：大学生。2024年中に収入はない。

＜Ａさんの2024年分の収入等に関する資料＞

・給与収入の金額　　　　　：900万円
・生命保険の解約返戻金　　：800万円
・Ｘ社株式に係る配当金の金額：80万円

＜Ａさんが2024年中に解約した生命保険に関する資料＞

保険の種類　　　　　　：一時払変額個人年金保険
契約年月　　　　　　　：2008年７月
契約者（＝保険料負担者）：Ａさん
解約返戻金額　　　　　：800万円
正味払込保険料　　　　：730万円

※妻Ｂさんおよび長男Ｃさんは、Ａさんと同居し、生計を一にしている。
※家族は、いずれも障害者および特別障害者には該当しない。
※家族の年齢は、いずれも2024年12月31日現在のものである。

※上記以外の条件は考慮せず、各問に従うこと。

【問題40】　Aさんの2024年分の所得税の所得控除に関する以下の文章の空欄①～③に入る最も適切な語句を、下記の〈語句群〉のイ～リのなかから選び、その記号を解答用紙に記入しなさい。

納税者は、自身に控除対象配偶者や控除対象扶養親族がいる場合、配偶者控除や扶養控除の適用を受けることができる。

控除対象配偶者とは、原則として、その年の12月31日の現況で、納税者と生計を一にする配偶者（青色事業専従者として給与の支払を受けている者等を除く）のうち、その年分の合計所得金額が（　①　）以下である者とされている。Aさんの場合、妻Bさんの2024年分の合計所得金額が（　①　）を超えているため、Aさんは、妻Bさんについて配偶者控除の適用を受けることはできない。なお、Aさんの2024年分の合計所得金額が（　②　）以下であることなどの所定の要件を満たす場合、Aさんは、妻Bさんについて配偶者特別控除の適用を受けることができる。

また、控除対象扶養親族とは、扶養親族のうち、原則として、その年の12月31日現在の年齢が16歳以上である者とされている。扶養控除額は、扶養親族の年齢等により区分されており、Aさんが長男Cさんについて扶養控除の適用を受ける場合、その控除額は（　③　）である。

〈語句群〉

イ．38万円	ロ．48万円	ハ．58万円	ニ．63万円	ホ．65万円
ヘ．130万円	ト．1,000万円	チ．1,500万円	リ．2,000万円	

答え

①		②		③	

【問題41】 配当金に係る所得税の課税関係等に関する次の記述①～③について、適切なものには○印を、不適切なものには×印を解答用紙に記入しなさい。

①配当控除の適用を受けた場合、その年分の所得税額から一定の金額を控除することができる。
②非上場株式の配当金で、１回に支払を受ける金額が、15万円に配当計算期間の月数を乗じて、これを12で除して計算した金額以下である場合には、当該配当金について少額配当として確定申告不要制度を選択することができる。
③株式等の配当所得について確定申告不要制度を選択した場合、その年分の所得税について、当該配当所得に係る配当控除の適用を受けることはできない。

答え

①		②		③	

【問題42】 Ａさんが2024年分の所得税において、Ｘ社株式の配当金について配当控除の適用を受けた場合の所得税および復興特別所得税の申告納税額または還付税額を計算した下記の表の空欄①～④に入る最も適切な数値を求めなさい。なお、給与所得の計算においては所得金額調整控除を考慮すること。問題の性質上、明らかにできない部分は「□□□」で示してある。

	給与所得の金額	（ ① ）円
	一時所得の金額	□□□円
	配当所得の金額	800,000円
（ａ）総所得金額		（ ② ）円
（ｂ）所得控除の額の合計額		2,600,000円
（ｃ）課税総所得金額		□□□円
（ｄ）算出税額（ｃに対する所得税額）		（ ③ ）円
（ｅ）税額控除		（ ④ ）円
（ｆ）差引所得税額（基準所得税額）（ｄ－ｅ）		□□□円
（ｇ）復興特別所得税額		□□□円
（ｈ）所得税および復興特別所得税額		□□□円
（ｉ）所得税および復興特別所得税の源泉徴収税額		□□□円
（ｊ）所得税および復興特別所得税の申告納税額または還付税額		□□□円

＜資料＞配当控除の計算式

・課税総所得金額が1,000万円以下の場合
　配当控除額＝配当所得の金額×10％
・課税総所得金額が1,000万円超の場合
　配当控除額＝（1,000万円超の部分の金額に含まれる配当所得の金額）×５％
　　　　　　＋その他の配当所得の金額×10％

＜資料＞給与所得控除額

給与収入金額			給与所得控除額
万円超		万円以下	
	～	162.5	55万円
162.5	～	180	収入金額×40％－10万円
180	～	360	収入金額×30％＋8万円
360	～	660	収入金額×20％＋44万円
660	～	850	収入金額×10％＋110万円
850	～		195万円

＜資料＞所得税の速算表（一部抜粋）

課税総所得金額			税率	控除額
万円超		万円以下	％	万円
		195	5	――
195	～	330	10	9.75
330	～	695	20	42.75
695	～	900	23	63.6
900	～	1,800	33	153.6

答え

①	円	②	円	③	円	④	円

【設問】 次の設例に基づいて、下記の【問題43】～【問題44】に答えなさい。

〈設例〉

Ａさん（60歳）は、妻Ｂさん（57歳）、長男Ｃさん（28歳）および長女Ｄさん（24歳）との４人暮らしである。Ａさんは、2024年５月末に、それまで38年２ヵ月勤務していたＸ株式会社（以下、「Ｘ社」という）を退職し、その後、再就職はしておらず、今後も再就職をする予定はない。

Ａさんの2024年分の収入等に関する資料等は、以下のとおりである。

＜Ａさんの家族構成＞

・Ａさん　　：38年２ヵ月勤務していたＸ社を2024年５月末に退職した。
・妻Ｂさん　：2024年中にパートにより給与収入98万円を得ている。
・長男Ｃさん：会社員。2024年中に給与収入450万円を得ている。
・長女Ｄさん：大学院生。2024年中に収入はない。

＜Ａさんの2024年分の収入等に関する資料＞

・Ｘ社からの給与収入の金額（１～５月分）：240万円
・Ｘ社から支給を受けた退職金の額　　　　：3,000万円
　※Ａさんは、退職金の支給を受ける際に「退職所得の受給に関する申告書」を提出している。
・賃貸アパート（居住用）の不動産所得に係る損失の金額：150万円
　※上記の損失の金額には、不動産所得を生ずべき土地等を取得するために要した負債の利子の額に相当する部分の金額15万円が含まれている。

※Ａさんは、青色申告の承認を受けていないものとする。
※妻Ｂさん、長男Ｃさんおよび長女Ｄさんは、Ａさんと同居し、生計を一にしている。
※家族は、いずれも障害者および特別障害者には該当しない。
※家族の年齢は、いずれも2024年12月31日現在のものである。
※上記以外の条件は考慮せず、各問に従うこと。

【問題43】 AさんがX社から受け取った退職金に係る退職所得の金額を求める次の〈計算手順〉の空欄①～④に入る最も適切な数値を解答用紙に記入しなさい。なお、障害者になったことがAさんの退職の直接の原因ではないものとする。また、問題の性質上、明らかにできない部分は「□□□」で示してある。

<計算手順>

1．退職所得控除額

（ ① ）万円＋（ ② ）万円×｛（ ③ ）年－20年｝＝□□□万円

2．退職所得の金額

（3,000万円－□□□万円）×□□□＝（ ④ ）万円

答え	①		②		③		④	

【問題44】 Aさんおよびその家族の2024年分の所得税に関する次の記述①～③について、適切なものには○印を、不適切なものには×印を解答用紙に記入しなさい。

①Aさんの2024年分の所得税の計算において、賃貸アパートの経営による不動産所得に係る損失の金額150万円は、その全額が損益通算の対象となる。

②Aさんの2024年分の所得税の計算において、総所得金額から所得控除額を控除しきれなかった場合、控除しきれなかった所得控除額は退職所得の金額から控除することができる。

③妻Bさんが負担すべき国民年金の保険料を長男Cさんが支払った場合、その保険料は長男Cさんの所得の金額の計算上、社会保険料控除の対象とすることができない。

答え	①		②		③	

13. 建蔽率・容積率

重要度
★★★

出題傾向	●建蔽率・容積率に関する計算問題は出題頻度が非常に高い。 ●しっかりと計算できるようにしておく。

●道路と接道義務●

接道義務	建物を建築する敷地は、建築基準法上の**道路に2m以上**接していなければならない（都市計画区域、準都市計画区域内）
建築基準法上の道路とは	①原則、幅員が**4m以上**の道路 ②昔からある4m未満の道路（42条2項道路または単に2項道路）（注） ③特定行政庁の認定を受けた幅員4m以上の私道（位置指定道路） （注）1．2項道路の場合、道路中心線から2m離れたところが道路境界線とみなされるので、建物を建てる際には敷地をその道路境界線まで後退（**セットバック**）させなければならない 2．セットバック部分は、建蔽率・容積率を適用する際の敷地面積に含まれない

●建蔽率と容積率●

建蔽率	建蔽率とは、建築面積の敷地面積に対する割合 用途地域ごとに指定建蔽率が定められているが、次の緩和規定がある ・建蔽率が80％の地域（商業地域等）内でかつ防火地域内に耐火建築物を建てる場合→建蔽率の制限がない ・建蔽率が80％以外の地域（住居系用途地域等）でかつ防火地域内に耐火建築物を建てる場合、準防火地域内に耐火建築物、準耐火建築物等を建てる場合→10％緩和 **・角地→10％緩和**
容積率	容積率とは、建物の延べ面積の敷地面積に対する割合 用途地域ごとに指定容積率が定められているが、次の制限規定がある ・敷地の前面道路の幅員が12m未満の場合には、次の（イ）（ロ）のいずれか少ない方が実際の容積率となる （イ）指定容積率 （ロ）前面道路幅員（4m未満の場合は4m）**×0.6**（住居系用途地域の場合は**0.4**）

※建蔽率・容積率が異なる地域にまたがる場合…加重平均して計算する

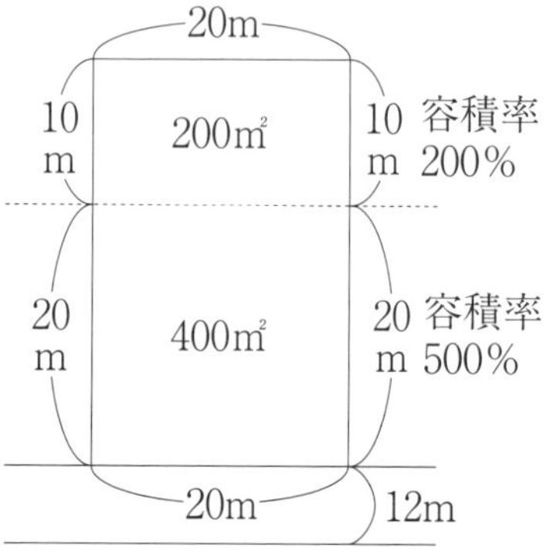

※左図の600㎡の土地の全体の容積率は？

$$\frac{400㎡ \times 500\% + 200㎡ \times 200\%}{600㎡}$$

＝400％

【設問】 下記〈資料〉の土地（防火地域内にあり、かつ特定行政庁が指定する角地である）①に耐火建築物を建てる場合の、建築面積の最高限度②（ア）と延べ面積の最高限度③（イ）の組み合わせとして、正しいものはどれか。

〈資料〉

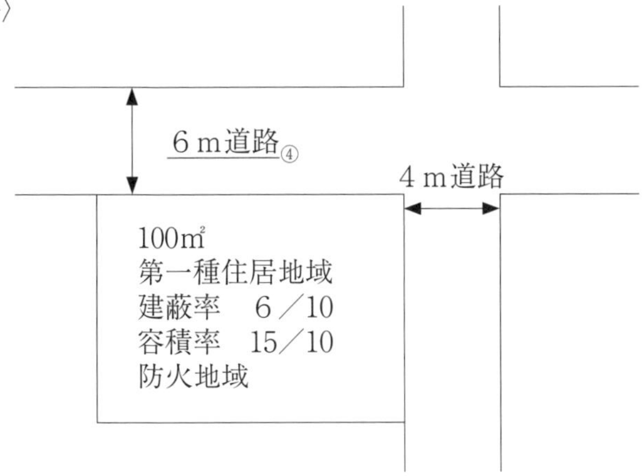

1．（ア）70㎡　（イ）250㎡

2．（ア）70㎡　（イ）160㎡

3．（ア）80㎡　（イ）240㎡

4．（ア）80㎡　（イ）150㎡

チェックポイント

①建蔽率が80％未満の場合において、防火地域内に耐火建築物を建てる場合、建蔽率は10％緩和される。また、特定行政庁が指定する角地の場合、建蔽率は10％緩和される。

②建築面積の最高限度を求める場合、建蔽率を使用する。

③延べ面積の最高限度を求める場合、容積率を使用する。

④前面道路の幅員が12m未満の場合、前面道路幅員×0.4（住居系用途地域の場合）と指定容積率の低い方が実効容積率となる。なお、前面道路が複数ある場合、幅員の広い道路が基準となる。

正解　答え　4

（ア）建築面積の最高限度

設問の場合、建蔽率が80％未満の場合において、防火地域内に耐火建築物を建てる（このことで10％緩和）とともに、特定行政庁が指定する角地に該当するので（このことで10％緩和）、建蔽率はそれぞれ10％（合計20％）緩和される。

建蔽率＝6／10＋1／10＋1／10＝8／10

建築面積の最高限度＝100㎡×8／10＝80㎡

（イ）延べ面積の最高限度

前面道路の幅員が12m未満なので、次のように計算した容積率と、そもそもの指定容積率の両者を比較して、基準容積率を決定する。

6ｍ（幅員の広い方の道路が基準）×0.4（住居系用途地域）＝240％　…計算による容積率

（設問の条件から）容積率15／10　とあるので、150％　…指定容積率

よって、基準容積率は150％。延べ面積の最高限度＝100㎡×150％＝150㎡

【設問】 次の設例に基づいて、下記の各問に答えなさい。

〈設例〉

Aさん（50歳）は、飲食店経営を始めることにし、都市計画区域内にある現在の自宅を店舗兼住宅（すべて耐火建築物）に増改築することを検討している。

Aさんは、不動産に関する法令上の制限について、よくわからないので、ファイナンシャル・プランナーに相談することにした。

（対象地の状況）

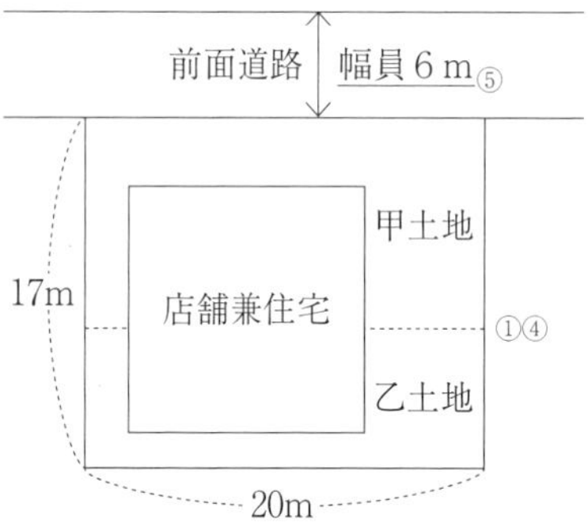

甲土地（敷地面積：200㎡）
- 近隣商業地域
- 指定建蔽率　80%②
- 指定容積率　300%
- 防火地域

乙土地（敷地面積：140㎡）
- 第１種住居地域
- 指定建蔽率　60%③
- 指定容積率　300%

※上記以外の条件は考慮せず、各問に従うこと。

【問１】 建物建築に関する次の文章の空欄①～③に入る最も適切な語句を、下記の語群のなかから選びなさい。

建物建築にあたっては、建築物の用途制限に留意する必要がある。都市計画法では、13種類の（　①　）が定められており、建築物の新築、増築、改築、移転や用途の変更を行うときは、それぞれの（　①　）内で建築基準法の一定の規制を受けることになる。また、敷地が２つの異なる（　①　）にまたがる場合は、面積の（　②　）の規制に従うこととされている。

たとえば、設例のような近隣商業地域（甲土地）200㎡、第１種住居地域（乙土地）140㎡の土地を一体で利用する場合は、（　③　）地域の規制が適用され、飲食店のほか、カラオケボックス等も建築できる。

〈語群〉

市街化区域　用途地域　市街化調整区域　大きい方
小さい方　第１種住居　近隣商業

チェックポイント

①敷地が２つの異なる建蔽率にまたがる場合、それぞれの地域における最大建築面積を算出して、それを合計したものが敷地全体における最大建築面積となる。

②建蔽率が80%の地域内で、かつ、防火地域内に耐火建築物を建築する場合、建蔽率の制限はない。

③建蔽率が80%未満の場合において、防火地域内に耐火建築物を建てる場合、建蔽率は10%緩和される。なお、敷地が防火地域と準防火地域や未指定区域にまたがる場合、敷地全体が防火地域とみなされる。したがって、その敷地内に耐火建築物を建築すると、建蔽率は10%緩和される。

④敷地が２つの異なる容積率の地域にまたがる場合、それぞれの地域における最大延べ面積を算出して、それを合計したものがその敷地全体における最大延べ面積となる。

⑤前面道路の幅員が12m未満の場合、指定容積率と前面道路の幅員（４m未満の場合は４m）×６／10（住居系用途地域では４／10）のいずれか低い方の容積率が適用される。

【問２】 設例の条件で、耐火建築物を建築する場合、①最大建築面積と②最大延べ面積を求めなさい。計算過程を示し、答は㎡単位とすること。

（前面道路幅員による容積率制限）

・近隣商業地域　６ｍ×$\frac{6}{10}$

・第１種住居地域　６ｍ×$\frac{4}{10}$

【問３】 設例の土地の建築基準法上の規制に関する次の記述①～③について、適切なものには○印を、不適切なものには×印を解答欄に記入しなさい。

① 乙土地を単独で利用する場合、道路に接しなくなってしまうため、原則として建物等は建築できない。

② 甲土地と乙土地を設例のように一体で利用する場合、甲土地が防火地域であるため、乙土地にわたる建物部分にも防火地域の規制が適用される。

③ 甲土地と乙土地を設例のように一体で利用する場合、原則として道路のセットバック⑥は不要である。

チェックポイント

⑥幅員が４ｍ未満であっても、建築基準法の集団規定が適用される前に、道として存在し、特定行政庁の指定したものについては、建築基準法上の道路であるとみなされる（２項道路）。ただし、この場合、原則として、道路の中心線から水平距離２ｍ後退した線が「道路の境界線」とみなされ、この境界線より内側には、原則として、建築物を建築することができず、建蔽率や容積率を計算する際の敷地面積からも除外される。このことをセットバックという。

正解

【問１】 答え　①用途地域　②大きい方　③近隣商業

【問２】 答え　①298㎡　②936㎡

①最大建築面積

甲土地の最大建築面積：200㎡×100％＝200㎡…㋑

乙土地の最大建築面積：140㎡×70％＝98㎡…㋺

㋑＋㋺＝298㎡

※甲土地は、建蔽率が80％の地域内で、かつ、防火地域内に耐火建築物を建築するので建蔽率の制限はない（100％）。

※乙土地は、建蔽率が80％未満の場合において、防火地域内に耐火建築物を建築するので建蔽率は10％緩和される（60％＋10％＝70％）。

②最大延べ面積

・甲土地の容積率６（ｍ）×６／10＝360％＞300％（指定容積率）∴300％

・乙土地の容積率６（ｍ）×４／10＝240％＜300％（指定容積率）∴240％

以上より、この敷地全体における最大延べ床面積は、

200㎡×300％＋140㎡×240％＝936㎡

【問３】 答え　①　○　②　○　③　○

①適切。建築基準法上の道路に２ｍ以上接していなければならない。乙土地を単独で利用する場合、無道路地となってしまうので、原則として、建物等は建築できない。

②適切。敷地が防火地域と準防火地域や未指定区域にまたがる場合、敷地全体が防火地域とみなされる。

③適切。甲土地と乙土地を一体で利用する場合、敷地全体が幅員６ｍの前面道路に接しているとみなされるので、セットバックは不要である。

チャレンジ問題

解答・解説は156ページ～

【設問】 次の設例に基づいて、下記の【問題45】～【問題47】に答えなさい。

〈設例〉

会社員のAさん（50歳）は、現在、妻と２人の子とともに借家住まいであるが、子の就職と大学進学もあり、通勤と通学に便利がよく、また、Aさんの両親宅に近い甲宅地および乙宅地を購入し、その両宅地を一体で利用して、Aさん家族の居住用住宅の建設を検討している。

そこで、宅地の購入および自宅の建設に関し、ファイナンシャル・プランナーに相談することにした。

なお、購入予定の宅地の概要は、以下のとおりである。

〈宅地の概要〉

（がけ地や川等に該当しない）

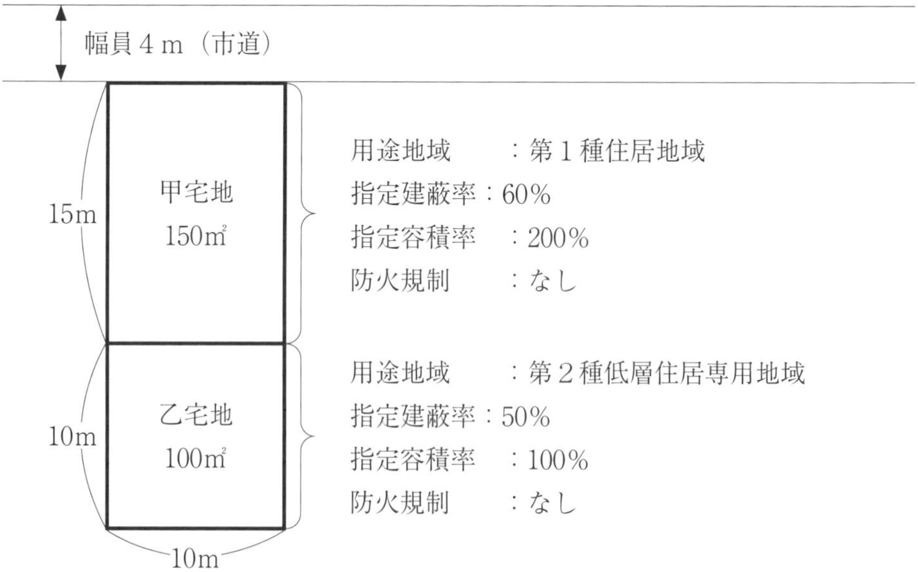

※上記以外の条件は考慮せず、各問に従うこと。

【問２】 設例の条件で、耐火建築物を建築する場合、①最大建築面積と②最大延べ面積を求めなさい。計算過程を示し、答は㎡単位とすること。

（前面道路幅員による容積率制限）

・近隣商業地域　$6\,\mathrm{m}\times\frac{6}{10}$

・第１種住居地域　$6\,\mathrm{m}\times\frac{4}{10}$

【問３】 設例の土地の建築基準法上の規制に関する次の記述①～③について、適切なものには○印を、不適切なものには×印を解答欄に記入しなさい。

① 乙土地を単独で利用する場合、道路に接しなくなってしまうため、原則として建物等は建築できない。

② 甲土地と乙土地を設例のように一体で利用する場合、甲土地が防火地域であるため、乙土地にわたる建物部分にも防火地域の規制が適用される。

③ 甲土地と乙土地を設例のように一体で利用する場合、原則として道路のセットバック⑥は不要である。

チェックポイント

⑥幅員が４ｍ未満であっても、建築基準法の集団規定が適用される前に、道として存在し、特定行政庁の指定したものについては、建築基準法上の道路であるとみなされる（２項道路）。ただし、この場合、原則として、道路の中心線から水平距離２ｍ後退した線が「道路の境界線」とみなされ、この境界線より内側には、原則として、建築物を建築することができず、建蔽率や容積率を計算する際の敷地面積からも除外される。このことをセットバックという。

正解

【問１】 答え　①用途地域　②大きい方　③近隣商業

【問２】 答え　①298㎡　②936㎡

①最大建築面積

甲土地の最大建築面積：200㎡×100％＝200㎡…㋑

乙土地の最大建築面積：140㎡×70％＝98㎡…㋺

㋑＋㋺＝298㎡

※甲土地は、建蔽率が80％の地域内で、かつ、防火地域内に耐火建築物を建築するので建蔽率の制限はない（100％）。

※乙土地は、建蔽率が80％未満の場合において、防火地域内に耐火建築物を建築するので建蔽率は10％緩和される（60％＋10％＝70％）。

②最大延べ面積

・甲土地の容積率６（ｍ）×６／10＝360％＞300％（指定容積率）∴300％

・乙土地の容積率６（ｍ）×４／10＝240％＜300％（指定容積率）∴240％

以上より、この敷地全体における最大延べ床面積は、

200㎡×300％＋140㎡×240％＝936㎡

【問３】 答え　①　○　②　○　③　○

①適切。建築基準法上の道路に２ｍ以上接していなければならない。乙土地を単独で利用する場合、無道路地となってしまうので、原則として、建物等は建築できない。

②適切。敷地が防火地域と準防火地域や未指定区域にまたがる場合、敷地全体が防火地域とみなされる。

③適切。甲土地と乙土地を一体で利用する場合、敷地全体が幅員６ｍの前面道路に接しているとみなされるので、セットバックは不要である。

チャレンジ問題

解答・解説は156ページ～

【設問】 次の設例に基づいて、下記の【問題45】～【問題47】に答えなさい。

〈設例〉

会社員のAさん（50歳）は、現在、妻と２人の子とともに借家住まいであるが、子の就職と大学進学もあり、通勤と通学に便利がよく、また、Aさんの両親宅に近い甲宅地および乙宅地を購入し、その両宅地を一体で利用して、Aさん家族の居住用住宅の建設を検討している。

そこで、宅地の購入および自宅の建設に関し、ファイナンシャル・プランナーに相談することにした。

なお、購入予定の宅地の概要は、以下のとおりである。

〈宅地の概要〉

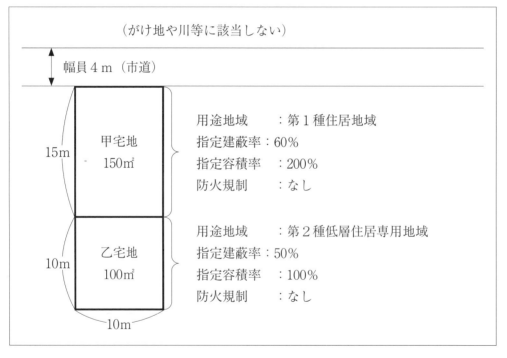

（がけ地や川等に該当しない）

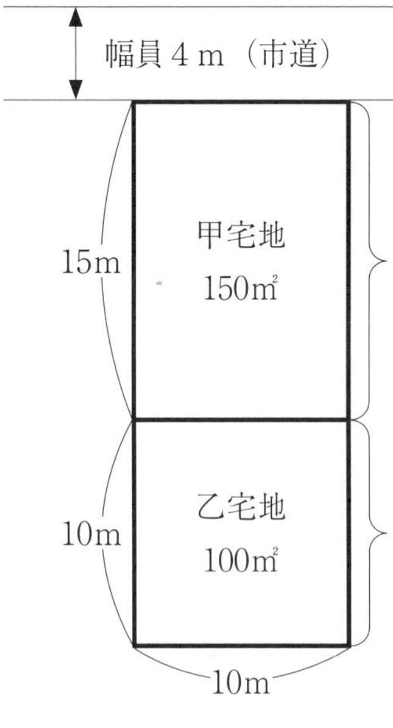

甲宅地
用途地域　　：第１種住居地域
指定建蔽率：60%
指定容積率　：200%
防火規制　　：なし

乙宅地
用途地域　　：第２種低層住居専用地域
指定建蔽率：50%
指定容積率　：100%
防火規制　　：なし

※上記以外の条件は考慮せず、各問に従うこと。

【問題45】 Aさんが甲宅地および乙宅地を購入し、それを一体で利用する（両宅地にまたがるような）形で居住用住宅を建設する際の留意点等に関する次の①～③の記述について、適切なものには○印を、不適切なものには×印を解答用紙に記入しなさい。

①今回の宅地の購入に際しては、登記事項証明書等で権利関係を確認する必要があり、そのうち所有権に関する仮登記は、当該書面の権利部（乙区）欄で確認することができる。

②一体で利用する場合の建物の用途は、第１種住居地域の用途規制に関する規定が適用されることになる。

③一体で利用する場合の建物の建蔽率は、第１種住居地域、第２種低層住居専用地域ごとに、それぞれの地域の建蔽率の限度に、その地域に含まれている敷地面積の割合を乗じて得たものの合計以下でなければならない。

答え

①		②		③	

【問題46】 建築基準法上、甲宅地および乙宅地を一体で利用して、Aさん家族の居住用住宅の建設をする場合の、次の①、②を求めなさい（計算過程を示し、答は㎡単位とすること）。なお、前面道路幅員に係る容積率の制限は、第１種住居地域および第２種低層住居専用地域ともに10分の４である。

①最大建築面積はいくらか。

②最大延べ面積はいくらか。

答え

①	㎡	②	㎡

【問題47】 不動産の売買契約上の留意点に関する次の記述のうち、最も不適切なものはどれか。

1．土地に抵当権が設定されているときは、買主は、取引の安全上、売買契約書に売買代金決済時までに抵当権の抹消をする旨の条件を入れたほうがよい。

2．債務を弁済した後の抵当権の抹消登記は、所有権移転登記と同時に登記申請することができる。

3．購入した土地につき、契約内容に不適合な点があることがわかったときは、原則として売主に契約不適合責任が生じる。

4．購入した土地に契約内容に不適合な点があるため、買主が目的とする建築ができないときは、買主は損害賠償の請求ができるが、買主は事実を知ったときから１年以内に権利行使しなければならない。

答え

【設問】 次の設例に基づいて、下記の【問題48】～【問題49】に答えなさい。

〈設例〉

Ａさん（50歳）は、現在、自宅マンションに妻と子２人の４人で暮らしている。Ａさんは、昨年６月に、父親の相続により、下記のコインパーキング（甲土地）、および木造賃貸アパートとその敷地（乙土地）を取得し、司法書士に依頼して相続登記を完了した。

相続した賃貸アパートは老朽化し建替えの時期に来ているため、Ａさんはこれを取り壊し、甲土地との一体利用により鉄骨造りの賃貸アパート（耐火建築物）を新築したいと考えている。

そこで、Ａさんはアパートの新築、および賃貸アパートを経営するうえでの留意点について、ファイナンシャル・プランナーから説明を受けることにした。

＜土地概要図＞

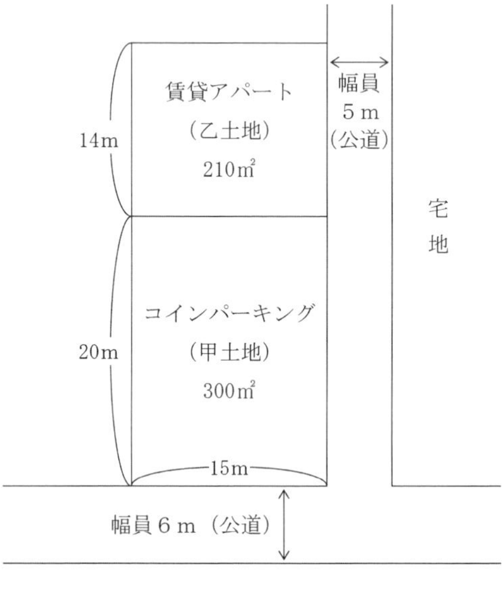

○甲土地
・用途地域　：近隣商業地域
・防火規制　：防火地域
・指定建蔽率　：80％
・指定容積率　：300％

○乙土地
・用途地域　：第一種住居地域
・防火規制　：準防火地域
・指定建蔽率　：60％
・指定容積率　：200％

※甲土地、および甲土地と乙土地の一体地は、ともに建蔽率の緩和について特定行政庁が指定する角地である。

※上記以外の条件は考慮せず、各問に従うこと。

【問題48】 甲土地と乙土地の一体利用により賃貸アパートを建築する場合の用途地域の用途制限および防火規制についてファイナンシャル・プランナーが説明した次の記述①～③について、適切なものには○印を、不適切なものには×印を解答用紙に記入しなさい。

①用途地域の異なる二つの土地を一体利用して建築物を建築する場合、その敷地面積の全部について過半の属する用途地域の用途制限に従うこととなる。

②建築物が防火地域と準防火地域にわたっている場合、その建築物は規模によって耐火建築物または準耐火建築物とするのが原則である。

③防火地域内においては、２階以上、または延べ面積が50㎡を超える建築物は、原則として耐火建築物としなければならない。

答え

①		②		③	

【問題49】 Aさんが、甲土地と乙土地を一体利用して耐火建築物を建築する場合の最大建築面積と最大延べ面積を求める次の〈計算式〉の空欄①～④に入る最も適切な数値を解答用紙に記入しなさい。なお、問題の性質上、明らかにできない部分は□□□で示してある。

＜計算式＞

1．最大建築面積

・甲土地　15m×20m×□□□％＝□□□㎡

・乙土地　15m×14m×（　①　）％＝□□□㎡

∴□□□㎡＋□□□㎡＝（　②　）㎡

2．最大延べ面積

（ア）容積率の判定

・甲土地

指定容積率：300％　前面道路幅員による容積率の制限：（　③　）％

∴□□□％

・乙土地指定容積率：200％　前面道路幅員による容積率の制限：□□□％

∴□□□％

（イ）最大延べ面積

・甲土地：15m×20m×□□□％＝□□□㎡

・乙土地：15m×14m×□□□％＝□□□㎡

∴□□□㎡＋□□□㎡＝（　④　）㎡

答え

①	％	②	㎡	③	％	④	㎡

14. 不動産の譲渡所得

重要度
★★★

出題傾向	●譲渡所得に関する問題は３回に１回程度の頻度で出題されている。 ●マイホームを譲渡したときの税額計算を中心にしっかりと覚えておきたい。

●短期譲渡と長期譲渡●

譲渡した年の**１月１日現在**で、所有期間が
- **５年以下→短期譲渡**
- **５年超　→長期譲渡**

（注）１．取得の日や売却の日は、土地建物等を引き渡した日のほか、売買契約の効力発生日とすることもできる

２．相続・贈与により取得した場合、被相続人・贈与者が取得した日が取得日となる

〈例〉

①2016年５月１日に取得した土地を2021年９月１日に譲渡

∴したがって、短期譲渡

（注）短期か長期かを簡便に判断するには、正月（１月１日）を６回経ていたら長期譲渡、５回以下なら短期譲渡。上記の場合、正月（１月１日）は５回しか経ていないので、短期譲渡。正月（１月１日）を６回経た2022年１月１日以後の譲渡なら長期譲渡となる

●譲渡所得の計算方法●

売却代金 －（取得費 ＋ 譲渡費用）－特別控除額（次頁参照）＝ 課税譲渡所得金額

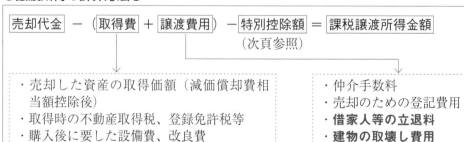

取得費：
- 売却した資産の取得価額（減価償却費相当額控除後）
- 取得時の不動産取得税、登録免許税等
- 購入後に要した設備費、改良費

ただし、取得費が不明であったりしたときは「**売却代金×５％**」（概算取得費）で計算してよい

譲渡費用：
- 仲介手数料
- 売却のための登記費用
- **借家人等の立退料**
- **建物の取壊し費用**

—など

課税譲渡所得金額 × 税率 ＝ 税額

●主な特別控除額●

特例が受けられる譲渡	特別控除額
①**居住用財産を譲渡**した場合 (注) 1．**短期譲渡**でも長期譲渡でも適用可 2．**配偶者**、直系血族への譲渡、別荘の譲渡の場合は適用できない 3．特別控除3,000万円を差し引いた結果、税額がゼロになっても、適用を受けるためには確定申告が必要	**3,000万円**
②土地収用法などによって国や地方公共団体などに土地や建物を譲渡した場合	5,000万円

●税率●

		所得税（注1）	住民税
短期譲渡	一律	**30%（30.63%）**	**9%**
一般の長期譲渡	一律	**15%（15.315%）**	**5%**
1月1日現在で10年超所有の居住用財産の譲渡（注2）	6,000万円以下の部分	**10%（10.21%）**	**4%**
	6,000万円超の部分	15%（15.315%）	5%

（注1）2013年から25年間は2.1%の復興特別所得税が加算され、カッコ内の税率となる。
（注2）「居住用財産を譲渡した場合の長期譲渡所得の課税の特例」という。

●特定の居住用財産の買換え特例●

・自宅を売却し、かつ、売却した年の翌年末までに自宅を新築または購入した場合、一定の要件を満たせば、課税を将来に繰り延べる特例。次のように取り扱う
①譲渡資産の価額≦買換資産の価額……譲渡がなかったものとされる
②譲渡資産の価額＞買換資産の価額……譲渡資産の価額と買換資産の価額との差額分についてのみ譲渡があったものとされる

＜主な要件＞
・居住用財産を譲渡した場合の**3,000万円特別控除の特例や10年超所有の場合の軽減税率の特例の適用を受けていない**こと
・売却代金が1億円以下であること
・譲渡資産の住宅に10年以上居住し、かつ、譲渡した年の1月1日現在で所有期間が**10年超**であること
・買い換える建物の床面積が50㎡以上で、買い換える土地の面積が500㎡以下のものであること

●相続税の取得費加算●

・相続や遺贈によってもらった財産を**相続税の申告期限の翌日以後3年以内**（つまり相続開始日から3年10ヵ月以内）に譲渡した場合には、相続税のうち一定の額を譲渡所得の計算上、取得費に加算できる

14. 不動産の譲渡所得

【問１】 昔(40年以上前)から所有している駐車場の土地①（取得費不明）②を１億円で売却した場合（譲渡費用300万円）、所得税（復興特別所得税を含む）および住民税の合計額を求めなさい。

【問２】 15年前に2,000万円で買ったマイホーム③を6,000万円で売却した(譲渡費用200万円)。居住用財産の特別控除④を利用した場合、所得税（復興特別所得税を含む）および住民税の合計額を求めなさい。なお、建物の減価償却は考慮しないものとする。

【問３】 居住用財産を譲渡した場合の長期譲渡所得の課税の特例（いわゆる軽減税率の特例）に関して、課税長期譲渡所得が6,600万円の場合、所得税（復興特別所得税を含む）および住民税の合計額を求めなさい。

チェックポイント

①一般の長期譲渡。特別控除はなし。税率は20.315％（所得税15.315％＋住民税５％)。

②概算取得費＝譲渡収入×５％

③10年超所有の居住用財産なので軽減税率の適用。

④特別控除は3,000万円。

正解

【問１】 答え 18,689,800円

概算取得費：１億円×５％＝500万円

課税長期譲渡所得金額：１億円－(500万円＋300万円)＝9,200万円

税額（所得税＋復興特別所得税＋住民税）：9,200万円×20.315％＝18,689,800円
（一般の長期譲渡の税率）

【問２】 答え 1,136,800円

課税長期譲渡所得金額：6,000万円－(2,000万円＋200万円)－3,000万円（居住用財産の特別控除）＝800万円

税額：10年超所有の居住用財産で、800万円＜6,000万円なので、税率は14.21％(所得税10.21％、住民税４％)

800万円×14.21％＝1,136,800円

【問３】 答え 9,744,900円

6,000万円×14.21％＝8,526,000円

600万円×20.315％＝1,218,900円

8,526,000円＋1,218,900円＝9,744,900円

【問4】 Aさんが下記の譲渡物件を売却し、「居住用財産を譲渡した場合の3,000万円の特別控除の特例」①および「居住用財産を譲渡した場合の長期譲渡所得の課税の特例（軽減税率の特例）」②の適用を受けた場合における所得税、復興特別所得税および住民税②の合計額を求めなさい。

＜譲渡物件の概要＞

取得時期	2004年８月（父親から相続により取得）
取得価額	不明③
譲渡時期	2024年６月
譲渡価額	6,000万円（土地、建物の合計）
条件等	仲介手数料等の譲渡費用は、200万円

チェックポイント

①譲渡所得の計算において、3,000万円を差し引くことができる。
譲渡価額－(取得費＋譲渡費用)－3,000万円

②課税譲渡所得金額が6,000万円以下の場合の軽減税率：
所得税（復興特別所得税を含む）10.21％＋住民税４％＝14.21％

③概算取得費を使用する。
譲渡価額×５％

正解

【問4】 答え　3,552,500円

概算取得費：6,000万円×５％＝300万円

課税譲渡所得金額：6,000万円－(300万円＋200万円)－3,000万円＝2,500万円

税額（所得税＋復興特別所得税＋住民税）：2,500万円×14.21％＝3,552,500円

チャレンジ問題

解答・解説は158ページ～

【設問】 次の設例に基づいて、下記の【問題50】～【問題52】に答えなさい。

〈設例〉

Aさん（66歳）は、首都圏近郊に所有する戸建住宅（4LDK）に妻Bさん（67歳）と２人で暮らしている。Aさん夫婦には３人の子がいるが、すでにそれぞれが独立して生計を立てている。現在の戸建住宅は夫婦２人で住むには部屋数も多く、Aさんは体力が衰えてきたこともあり、その管理等に煩わしさを感じるようになってきた。そこで、Aさんは、戸建住宅を賃貸または売却し、夫婦２人で住むための手ごろなマンションに住み替えることを検討している。なお、Aさんは、戸建住宅を売却する場合、更地にしてからその敷地を売却しようと考えている。

Aさんが現在居住している戸建住宅の概要は、以下のとおりである。

＜Aさんが現在居住している戸建住宅（建物およびその敷地）の概要＞

・取得日　：1985年８月５日

・取得費　：不明

・譲渡価額：4,000万円（更地にした場合の金額）

・譲渡費用：300万円（建物の取壊費用を含めた金額）

※上記以外の条件は考慮せず、各問に従うこと。

【問題50】 Aさんが、戸建住宅を第三者に賃貸した場合に関する次の記述①～③について、適切なものには○印を、不適切なものには×印を解答用紙に記入しなさい。

①宅地建物取引業者を通さずに自ら戸建住宅を賃貸しようとする場合、Aさんは宅地建物取引業の免許を取得しなければならない。

②戸建住宅を賃貸して受け取る家賃収入は不動産所得に区分されるが、その貸付けが事業的規模ではないため、Aさんはこの所得について青色申告書を提出することはできない。

③戸建住宅を賃貸した場合であっても、Aさんは引き続き当該戸建住宅にかかる固定資産税の納税義務を負う。

答え

①		②		③	

【問題51】「居住用財産を譲渡した場合の3,000万円の特別控除の特例」および「居住用財産を譲渡した場合の長期譲渡所得の課税の特例（軽減税率の特例）」の適用要件に関する以下の文章の空欄①～③に入る最も適切な語句を、下記の〈語句群〉のイ～リのなかから選び、その記号を解答用紙に記入しなさい。

ⅰ）「居住用財産を譲渡した場合の3,000万円の特別控除の特例」は、居住用財産の所有期間の長短に関係なく、譲渡所得から最高3,000万円まで控除ができる特例である。この特例の適用を受けるためには、譲渡する居住用財産に居住しなくなった日から（　①　）を経過する日の属する年の12月31日までに、その居住用財産を譲渡する必要がある。なお、家屋を取り壊した場合は、敷地の譲渡契約を家屋を取り壊した日から１年以内に締結するとともに、それまでにその敷地を貸付けその他の用に供していないことが必要となる。

ⅱ）「居住用財産を譲渡した場合の長期譲渡所得の課税の特例（軽減税率の特例）」は、一定の要件のもと、居住用財産を譲渡した場合の長期譲渡所得に対する所得税および住民税の税率を軽減するものである。この特例の適用を受けるためには、譲渡の年の（　②　）現在において、その居住用財産の所有期間が（　③　）を超えていることが必要となる。

〈語句群〉

イ．１年　ロ．２年　ハ．３年　ニ．５年　ホ．10年　ヘ．15年
ト．１月１日　チ．４月１日　リ．12月31日

答え

①		②		③	

【問題52】Ａさんが戸建住宅を取り壊し、その敷地（更地）を第三者に売却した場合について、「居住用財産を譲渡した場合の3,000万円の特別控除の特例」および「居住用財産を譲渡した場合の長期譲渡所得の課税の特例（軽減税率の特例）」の適用を受けた場合における所得税（復興特別所得税を含む）および住民税の合計額を求めなさい。

答え　　　　　円

【設問】 次の設例に基づいて、下記の【問題53】～【問題55】に答えなさい。

〈設例〉

会社員のＡさん（55歳）は、父から相続により取得した戸建住宅（物件Ｘ）に居住しているが、建物の老朽化が進み、また、Ａさんの子もすでに独立していることから、戸建住宅を売却して勤務先に近い中古マンション（物件Ｙ）を購入したいと考えている。なお、物件Ｘの売却および物件Ｙの購入は、宅地建物取引業者を介して行う予定である。物件Ｘおよび物件Ｙの概要は、以下のとおりである。

＜物件Ｘの概要＞

・取得時期：2010年３月（父から相続により取得）
・取得価額：不明
・譲渡時期：2024年11月（予定）
・譲渡価額：5,000万円（土地、建物の合計）
・譲渡費用：150万円

＜物件Ｙの概要＞

・取得時期：2024年12月（予定）
・取得価額：4,500万円
・専有面積：80㎡

※上記以外の条件は考慮せず、各問に従うこと。

【問題53】 戸建住宅を売却し、中古マンションを取得する場合の留意点に関する次の記述①～③について、適切なものには○印を、不適切なものには×印を解答用紙に記入しなさい。

①専任媒介契約および専属専任媒介契約の有効期間は３ヵ月が上限とされており、これより長い期間を定めて契約した場合は、当該契約は無効となる。

②Ａさんは、物件Ｘの売買契約の締結に際して、買主との合意により、物件Ｘについて契約不適合責任を負わないとする旨の特約をすることができる。

③物件Ｙに抵当権が設定されていた場合、物件Ｙの抵当権に関する登記の登記事項は、登記記録の権利部乙区で確認することができる。

答え	①		②		③	

【問題54】「特定の居住用財産の買換えの場合の長期譲渡所得の課税の特例（以下、「本特例」という）」に関する以下の文章の空欄①～③に入る最も適切な語句を、下記の〈語句群〉のイ～リのなかから選び、その記号を解答用紙に記入しなさい。

本特例の適用を受けた場合、買換資産の取得価額に対応する部分について譲渡益の課税を繰り延べることができる。本特例に係る主な適用要件は、以下のとおりである。

＜主な適用要件＞

・譲渡資産の対価の額が（　①　）以下であること

・譲渡資産を所有している期間が、譲渡した日の属する年の１月１日現在において10年超であること

・譲渡資産である住宅に居住している期間が10年以上であること

・買換資産について、個人が居住の用に供する部分の床面積が（　②　）以上、敷地の面積が500㎡以下であること

・買換資産が耐火建築物の中古住宅である場合には、取得の日以前（　③　）以内に建築されたものであること（ただし、一定の耐震基準を満たすものについては、建築年数の制限はない）

〈語句群〉

イ．１億円	ロ．１億2,000万円	ハ．１億5,000万円	ニ．40㎡	ホ．50㎡
ヘ．60㎡	ト．15年	チ．20年	リ．25年	

答え

①		②		③	

【問題55】Ａさんが《設例》の〈物件Ｘの概要〉のとおり物件Ｘを売却し、「居住用財産を譲渡した場合の3,000万円の特別控除の特例」および「居住用財産を譲渡した場合の長期譲渡所得の課税の特例（軽減税率の特例）」の適用を受けた場合における所得税（復興特別所得税を含む）および住民税の合計額を、解答用紙の手順に従い、計算過程を示して求めなさい。

答え　　　　　　円

【設問】 次の設例に基づいて、【問題56】～【問題58】に答えなさい。

〈設例〉

Ａさんは、母と妻の３人で一戸建て住宅（土地・建物ともに母と共有）を取得して以来居住しているが、今般、母が介護付き老人ホームに入居することになり資金の手当てが必要となった。そこで、建物は古く建替えの時期でもあることから、この機会に売却することにより、母の持ち分相当額は老人ホームの入居資金に、自分の持分相当額は自宅近くのマンション購入資金に、それぞれ充当しようと考えている。

自宅の譲渡については、税制上のメリットがあると聞いたことがあるが、詳しくはわからないため、懇意にしているファイナンシャル・プランナーに相談することにした。

〈譲渡予定物件および購入予定マンションの概要〉

	譲渡予定物件	購入予定マンション
取得時期	1978年10月	2024年５月
購入価額	土地・建物とも不明	新築分譲　5,000万円
譲渡価額	90,000千円	—
持分割合	取得時より｛母　　：３分の１ Ａさん：３分の２	Ａさん単独名義
条件等	・建物は取り壊した(費用90万円)うえ更地として2024年６月に譲渡する。 ・仲介手数料などその他の譲渡費用は、270万円とする。	・専有面積100㎡ ・敷地の持分相当の面積50㎡

※上記以外の条件は考慮せず、各問に従うこと。

【問題56】 Ａさんが購入を予定しているマンション（以下、「物件Ｘ」という）の取得に関して説明した次の記述①～③について、適切なものには○印を、不適切なものには×印を記入しなさい。

①Ａさんが物件Ｘにつき所有権の登記の申請をした場合に登記所から通知される登記識別情報は、Ａさんがその情報を紛失した際においても再通知はなされない。

②新築分譲マンションにおいて、そのマンションの販売時にパンフレット等で表示された専有面積と不動産登記記録上の専有面積とは、一般的には一致している。

③Ａさんが物件Ｘを取得し、物件Ｘの共用部分につき持分を有することになった場合、Ａさんは、この持分については原則として専有部分と分離して処分することができる。

答え	①		②		③	

【問題57】 Aさんが購入予定マンションを取得した場合の不動産取得税について説明した次の文章の空欄①～④に入る最も適切な語句を、下記の<語句群>のイ～ヌの中から選び、その記号を記入しなさい。

不動産取得税は、不動産の取得者に課される（ ① ）であり、その課税標準は、原則として固定資産税課税台帳に登録されている価格により決定される。

建物（認定長期優良住宅に該当しない）については、特例により独立的に区画された1戸ごとの価格から最大で（ ② ）を控除した額が不動産取得税の課税標準となる。

不動産取得税の標準税率は、本則においては（ ③ ）であるが、2027年3月31日までの取得については特例により（ ④ ）とされている。

〈語句群〉

イ．国税	ロ．都道府県税	ハ．市町村税	ニ．1,200万円	ホ．1,300万円
へ．1,400万円	ト．2％	チ．3％	リ．4％	ヌ．5％

答え

①		②		③		④	

【問題58】 Aさんが《設例》の条件等のとおり母との共有住宅を譲渡し、「特定の居住用財産の買換えの場合の長期譲渡所得の課税の特例」の適用を受けた場合の課税長期譲渡所得金額に係る所得税および住民税の合計額を計算した次の〈計算式〉の空欄①～④に入る最も適切な数値を求めなさい。なお、復興特別所得税は考慮せず、《設例》に記載されているもの以外の費用等はないものとする。また、問題の性質上、明らかにできない部分は□□□で示してある。

〈計算式〉

1．Aさんの持分に応じた金額明細

譲渡価額　9,000万円×（ ① ）＝□□□万円

概算取得費　□□□万円×（ ② ）％＝□□□万円

譲渡費用　（90万円＋270万円）×（ ① ）＝□□□万円

2．特定の居住用財産の買換えの場合の長期譲渡所得の課税の特例

a．収入金額　□□□万円－買換え資産取得価額5,000万円＝□□□万円

b．取得費・譲渡費用

$$(\square\square\square\text{万円}+240\text{万円})\times\frac{1{,}000\text{万円}}{\square\square\square\text{万円}}=(\ ③\ )\text{万円}$$

c．譲渡益　1,000万円－（ ③ ）万円＝□□□万円

d．所得税・住民税　（ ④ ）万円

答え

①		②	％	③	万円	④	万円

15. 相続税の計算

重要度
★★★

出題傾向	●相続税の総額までの計算問題は毎回のように出題されている。 ●配偶者の税額軽減などの計算も出題されたことがあるので、全般にわたって習得しておきたい。

●法定相続人と法定相続分●

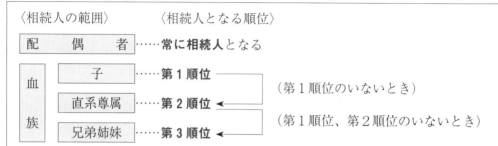

〈相続人の範囲〉　〈相続人となる順位〉

配偶者……**常に相続人**となる

血族
- 子……**第１順位**
- 直系尊属……**第２順位**（第１順位のいないとき）
- 兄弟姉妹……**第３順位**（第１順位、第２順位のいないとき）

（注）・**代襲相続**…相続人が被相続人より**先に死亡**していたり、**欠格**、**廃除**により相続権を失っていたときは、その直系卑属が相続権を代襲できる
・**相続放棄した場合は、代襲相続できない**

相続人	法定相続分
配偶者と子	配偶者 **1／2**・子１／２（複数いるときは均等に按分する）
配偶者と直系尊属	配偶者 **2／3**・直系尊属１／３（複数いるときは均等に按分する）
配偶者と兄弟姉妹	配偶者 **3／4**・兄弟姉妹１／４（複数いるときは均等に按分する）

●相続放棄があった場合の取扱い●

民法上の取扱い	はじめから相続人ではなかったものとみなされるため、相続分は存在しない
相続税法上の取扱い	**相続放棄した者も法定相続人の数に含めて相続税の総額を計算する**

〈例〉

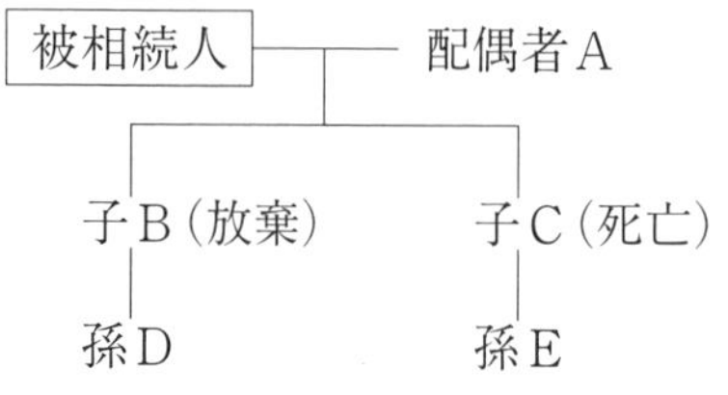

〈民法上の取扱い〉
・相続人…A、E（代襲相続人）の２人
・相続分…A1／2、E1／2

〈相続税法上の取扱い〉
・法定相続人…A、B、Eの３人
・法定相続分…A1／2、B1／4、E1／4

【問　題】 次の各親族関係について、相続税を計算するうえでの①法定相続人の数と②法定相続分を求めなさい。

チェックポイント

（1）

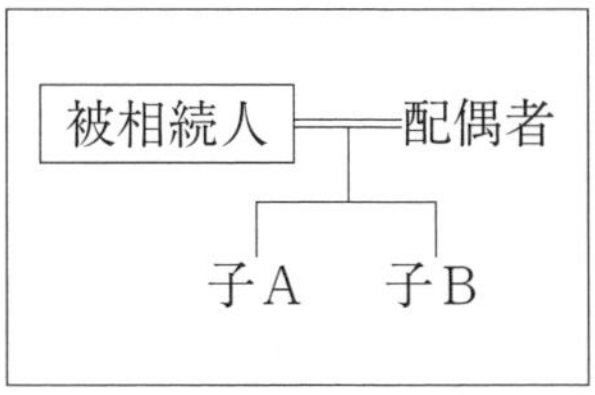

(1)子の相続分１／２を２人で按分する。
１／２×１／２＝１／４

正解
①３人
②配偶者１／２
子A、B各１／４

（2）

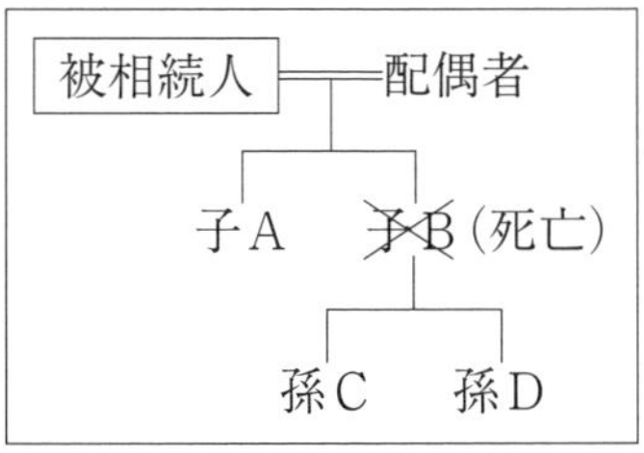

(2)孫C、Dは子Bの相続分１／４を代襲相続するので、
１／４×１／２＝１／８

正解
①４人
②配偶者１／２
子A　１／４
孫C、D各１／８

（3）

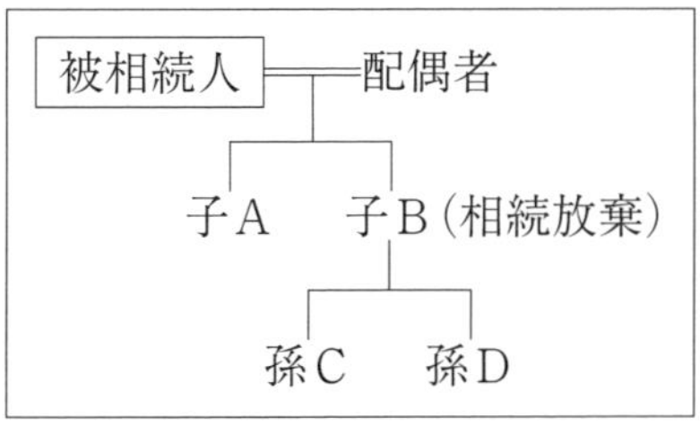

(3)相続税の総額までを計算するうえでの法定相続人、法定相続分を求める場合は、相続放棄しても放棄しなかったものとして取り扱う。

正解
①３人
②配偶者１／２
子A、B各１／４

（4）

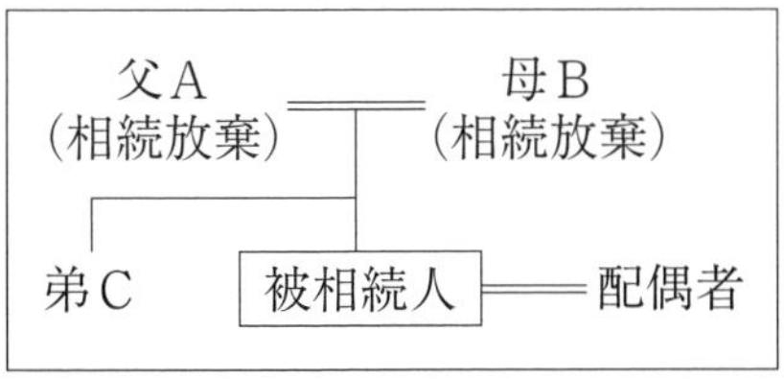

(4)相続放棄しても放棄しなかったものとして取り扱うので、父母の相続分である１／３を２人で按分する。１／３×１／２＝１／６

正解
①３人
②配偶者２／３
父A、母B各1／6

（5）

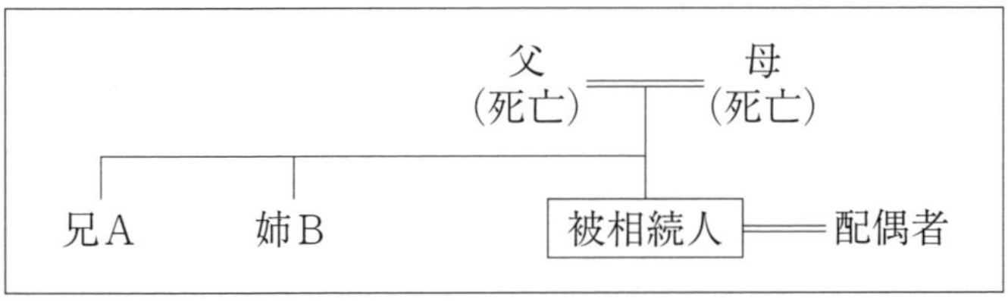

(5)兄弟姉妹の相続分１／４を２人で按分する。
１／４×１／２＝１／８

正解
①３人
②配偶者３／４
兄A、姉B各1／8

●相続税は、次の５つのステップで計算される●

Step1. 課税価格の合計額を求める

①		②		③		④		⑤		
相続・遺贈財産	＋	みなし相続財産	－	非課税財産	－	債務・葬式費用	＋	３～７年以内(※)贈与財産などの加算	＝	課税価格の合計額

①

・相続・遺贈財産を相続税評価額で評価する
・土地については、小規模宅地等の特例※がある

（注）宅地について、一定面積までの部分は、通常評価額から一定割合を減額する特例
（詳しくはP128参照）

		減額対象面積	減額割合
事業用宅地	**特定事業用宅地等**（一定の親族が被相続人の事業を引き継ぐ場合など）	**400㎡**	**80%**
	貸付事業用宅地等（アパートなど）	200㎡	50%
居住用宅地	**特定居住用宅地等**（配偶者が取得する場合、同居親族が取得し、引き続き居住する場合）	**330㎡**	**80%**

②

死亡保険金（被相続人が保険料を負担したもの）、死亡退職金（死亡後３年以内に支給が確定したもの）など

③

死亡保険金、死亡退職金を受け取った場合、それぞれ下記の金額まで非課税となる
500万円×法定相続人数（法定相続人の数には、相続放棄者を含める）

④

・債務・葬式費用は財産の価額から控除する

⑤

・相続開始前３～７年以内(※)に被相続人から贈与された財産は、贈与時の価額で加算する
（注）１．贈与税の基礎控除額以下の贈与でも加算
２．贈与税の配偶者控除（2,000万円）や直系尊属から贈与を受けた住宅取得等資金、教育資金、結婚・子育て資金のうちの一定額について非課税の適用を受けた金額は加算不要
・相続時精算課税の適用を受けた財産は、贈与時の価額で加算する
（2024年１月１日以降、贈与者ごとに、１年間に贈与により取得した財産の価額の合計額から基礎控除額（原則110万円）を控除し、特別控除（最高2,500万円）の適用がある場合は、その金額を控除した残高に20%の税率を乗じて、贈与税額を算出する）

※贈与財産が相続税の課税価格に加算される期間は、2024年１月１日から順次延長され、2031年１月１日以後の相続からは、相続開始前７年以内の贈与財産が加算されることになる。ただし、延長される４年間に受けた贈与については、合計100万円までは相続税の課税価格に加算されない。

Step2. 課税遺産総額を求める

課税価格の合計額	－	**基礎控除**	＝	課税遺産総額

3,000万円＋600万円×法定相続人数
（注）１．法定相続人には**相続放棄者も含める**
２．養子が複数いる場合、次の人数までしかカウントできない
・実子がいる場合……１人　・実子がいない場合…２人

【問１】 下記の〈設例〉に基づいて、①～③の金額を計算しなさい。

〈設例〉

※被相続人は、2024年４月に死亡した。

※相続財産……・土地建物や預貯金＝１億8,000万円（相続税評価額）

・生命保険金＝4,000万円 ①

・死亡退職金＝2,000万円 ②

・債務および葬式費用＝1,000万円 ③

※相続人……妻と子２人（第１子22歳と第２子16歳）の計３人 ④

※法定相続分どおりに相続したものとする。

なお、相続時精算課税制度を選択した相続人はいない。

①課税価格の合計額はいくらになるか。

②相続税の基礎控除額はいくらになるか。

③基礎控除後の課税遺産総額はいくらになるか。

チェックポイント

①②みなし相続財産となるが、各500万円×法定相続人数の金額が非課税となる。

③課税価格から差し引くことができる。

④法定相続人数が３人となる。

正解

① １億8,000万円（土地・建物・預貯金） ＋ 4,000万円（生命保険金） －（500万円×３人）（生命保険金の非課税） ＋ 2,000万円（死亡退職金） －（500万円×３人）（死亡退職金の非課税） － 1,000万円（債務・葬式費用） ＝ ２億円（課税価格）

①答え　２億円

② 3,000万円＋600万円×３人＝4,800万円

②答え　4,800万円

③ ２億円（課税価格） －4,800万円＝１億5,200万円

③答え　１億5,200万円

Step3. 相続税の総額を求める

各相続人がどのように相続したかに関係なく、法定相続分どおりに相続したものとして税額を計算し合計する

A：課税遺産総額 × 法定相続分 × 税率－控除額 ＝ 税額
B：課税遺産総額 × 法定相続分 × 税率－控除額 ＝ 税額
⋮

合計 → 相続税の総額

●相続税の税額速算表●

Ⓐ課税遺産総額に各相続人の法定相続分をかけた額	Ⓑ税率	Ⓒ控除額
～ 1,000万円以下	10%	－
1,000万円超 ～ 3,000万円以下	15%	50万円
3,000万円超 ～ 5,000万円以下	20%	200万円
5,000万円超 ～ 1億円以下	30%	700万円
1億円超 ～ 2億円以下	40%	1,700万円
2億円超 ～ 3億円以下	45%	2,700万円
3億円超 ～ 6億円以下	50%	4,200万円
6億円超 ～	55%	7,200万円

税額＝Ⓐ×Ⓑ－Ⓒ

Step4. 各人の算出税額の計算

相続税の総額を実際に相続した取得割合に応じて按分する

A：相続税の総額 × 財産取得割合 ＝ 算出税額
B：相続税の総額 × 財産取得割合 ＝ 算出税額
⋮

Step5. 各人の納付税額

適用できる税額控除があれば、それを差し引いて納付税額を算出する
（２割加算の対象者は税額を加算する）

算出税額 － 税額控除 ＝ 納付税額

主な税額控除

配偶者の税額軽減	配偶者が相続した場合、下記の金額が控除される **相続税の総額 ×** ㋐**配偶者の法定相続分相当額（１億6,000万円に満たない場合には１億6,000万円）** / ㋑**配偶者が相続した課税価格 ÷ 全体の課税価格** **㋐、㋑のうちいずれか少ない方の金額**
未成年者控除	・18歳※未満の法定相続人に適用 ・控除額＝**10万円**×（18歳－年齢）

（注）１．この他の税額控除として、障害者控除、贈与税額控除（相続時精算課税制度を利用した場合を含む）、相次相続控除、外国税額控除がある

２．相続・遺贈により財産を取得した者が、配偶者・１親等の血族以外の場合（兄弟姉妹など）、その人の算出税額の２割相当額が加算される

【問２】【問１】の〈設例〉に基づいて、④～⑦の金額を計算しなさい。

④相続税の総額①はいくらになるか。
⑤各相続人の算出税額②は、それぞれいくらになるか。
⑥配偶者の税額軽減額③はいくらになるか。
⑦各相続人の納付税額は、それぞれいくらになるか。

チェックポイント

①法定相続分どおりに相続したものとみなして計算する。

②相続税の総額を各人の相続割合であん分する。設例の場合は、法定相続分どおりに相続したというケース。

③計算式は覚えておきたい。配偶者の税額軽減を利用すると、配偶者が法定相続分相当額または1億6,000万円まで相続した場合には、配偶者には相続税がかからないことも覚えておく。

正解

④・妻……1億5,200万円（課税遺産総額）× $\frac{1}{2}$（法定相続分）＝7,600万円

7,600万円×30％（税率）－700万円（速算表の控除額）＝1,580万円（算出税額）

・子それぞれ……1億5,200万円× $\frac{1}{2}$ × $\frac{1}{2}$（法定相続分）＝3,800万円

3,800万円×20％（税率）－200万円（速算表の控除額）＝560万円（算出税額）

・相続税の総額＝1,580万円＋560万円×２人＝2,700万円

④答え　2,700万円

⑤・妻

2,700万円（相続税の総額）× $\frac{10{,}000万円（妻の課税価格）}{20{,}000万円（全体の課税価格）}$ ＝1,350万円（相続税額）（負担割合は0.50）

・子それぞれ

2,700万円× $\frac{5{,}000万円（子それぞれの課税価格）}{20{,}000万円（全体の課税価格）}$ ＝675万円（相続税額）（負担割合は0.25）

⑤答え　妻　1,350万円
子それぞれ　675万円

（注）事例の場合、法定相続分どおり相続したので、妻の課税価格は２億円× $\frac{1}{2}$ ＝１億円、子それぞれの課税価格は２億円× $\frac{1}{2}$ × $\frac{1}{2}$ ＝5,000万円となる。各人の相続税額が、④で計算した算出税額と異なる点に留意のこと

⑥配偶者の税額軽減額＝2,700万円× $\frac{1億円（課税価格）}{2億円}$ ＝1,350万円

⑥答え　1,350万円

⑦・妻：1,350万円（算出税額）－1,350万円（配偶者の税額軽減）＝０円→納付税額ゼロ

・第１子：675万円（⑤の相続税額がそのまま納付税額）

・第２子：675万円（相続税額）－｛10万円×（18歳－16歳）（未成年者控除）｝＝655万円（納付税額）

⑦答え　妻　0円
第１子　675万円
第２子　655万円

15. 相続税の計算

チェックポイント

【設問】 次の《設例》に基づいて、下記の各問に答えなさい。

《設例》

Aさんは、2024年3月に死亡した。Aさん夫婦の子は、長男Cと次男Dの2人である。C、Dは2人とも1994年に結婚し、その際、Aさん夫婦は、それぞれの配偶者（E、F）と養子縁組をした。なお、DとFとの間には、1995年にGが生まれているが、Dは2012年に死亡している。

Aさんの親族関係および財産等は、以下のとおりである。

〈親族関係図〉

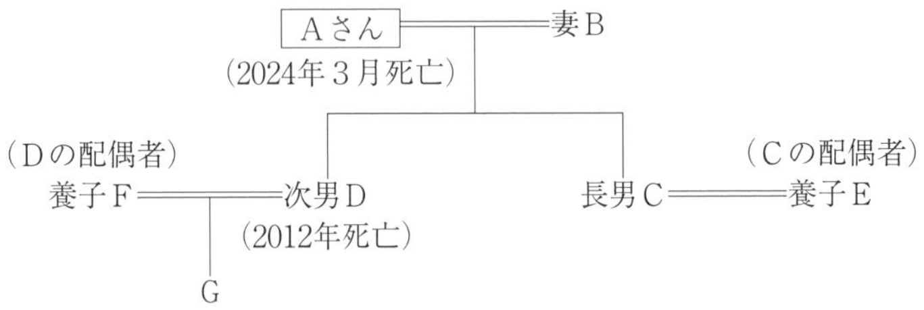

〈Aさんの財産の相続税評価額〉

1．自宅の土地：面積420㎡
　普通住宅地区
　側方路線影響加算率0.05①
　※側方路線影響加算率以外の
　　補正率は考慮する必要はない
2．自宅の建物：1,000万円
3．有価証券、預貯金：1億5,000万円

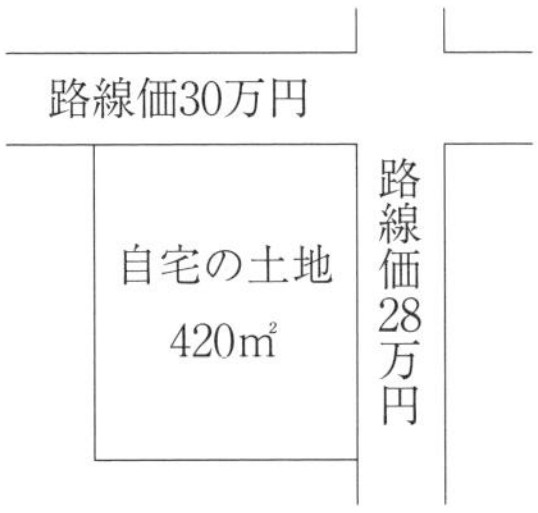

①角地の場合、側方路線影響加算（角地加算）を行って相続税評価額を求める。

上記以外については考慮せず、また、Aさんおよび相続人全員は日本国籍で、かつ日本国内に住所を有し、Aさんの財産はすべて日本国内にあるものとする。

相続税の速算表（一部抜粋）

法定相続分に応ずる取得金額		税率	控除額
	1,000万円以下	10%	—
1,000万円超	3,000万円以下	15%	50万円
3,000万円超	5,000万円以下	20%	200万円
5,000万円超	1億円以下	30%	700万円
1億円超	2億円以下	40%	1,700万円

【問1】 遺言に関する次の文章の①～④に入る最も適切な語句または数値を、下記の〈語群〉のなかから選びなさい。同じ語句は、一回限り使用するものとする。

Aさんは、作成に証人を必要としない遺言書を残していた。②この（ ① ）は、遺言の内容の全文、氏名、（ ② ）の記載および押印が必要とされる。③

②作成の際に証人の必要のない遺言は、「自筆証書遺言書」のみである。

仮に、Aさんの遺言書にDに財産の一部を遺贈すると記載されていた場合、Dがすでに死亡しているので、このDに対する遺贈は（　③　）となる。[④] また、仮に、Dが生存していたとした場合、Dへの遺贈によって遺留分を侵害された相続人がいるとき、その相続人は、遺留分の額に達するまで侵害額請求権を行使して取り戻すことができる。遺留分の割合[⑤] は、例えば、Eの場合には遺留分算定の基礎となる財産の（　④　）となる。

〈語群〉
公正証書遺言書　　自筆証書遺言書　　秘密証書遺言書
日付（作成年月日）　　日付（遺言者の生年月日）
日付（受遺者の生年月日）　　Gへの遺贈　　無効
８分の１　　12分の１　　16分の１

【問２】　Aさんの相続財産である自宅の土地の相続税評価額を求めなさい。小規模宅地等の評価減については、考慮する必要はない。なお、この土地の正面路線価は30万円である。

【問３】　設例において、仮に相続税の課税価格の合計額が２億1,000万円であるとした場合の相続税の総額を求めなさい。

チェックポイント

③「自筆証書遺言書」は、遺言の内容の全文、氏名、日付（作成年月日）については遺言者の自筆でなければならない。ただし、財産目録は自筆でなくても可。

④遺言者（遺贈者）よりも受遺者が先に死亡した場合、その遺贈は無効となる。

⑤遺留分の割合は、相続人が直系尊属のみの場合は１／３、それ以外は１／２となっている。各人の遺留分の割合は、遺留分の割合×法定相続分となる。

正解

【問１】　答え　①自筆証書遺言書　②日付（作成年月日）　③無効　④16分の１

④本問の場合、相続分は、妻１／２、子（全員で）１／２となる。民法上、養子は実子と同じ扱いとなる（相続分も同じ）。Eの法定相続分は１／２×１／４（C、E、F、D〈Gが代襲相続〉）＝１／８となる。したがって、遺留分は１／２（遺留分）×１／８（法定相続分）＝１／16

【問２】　答え　13,188万円

30万円（正面路線価）＋28万円（側方路線価）×0.05（側方路線影響加算率）＝31.4万円
31.4万円×420㎡＝13,188万円

【問３】　答え　2,660万円

基礎控除額：3,000万円＋600万円×４人＝5,400万円
※相続税の総額までの計算では、実子がいる場合、養子は１人までしかカウントすることができない。したがって、相続税法上の法定相続人は、妻B、長男C、養子E・Fのうち１人、孫G（Dの代襲相続人）の４人となる。
課税遺産総額：21,000万円－5,400万円＝15,600万円
各相続税の計算（法定相続分：妻B＝１／２、長男C・養子１人・孫G＝各１／６）
・妻B：15,600万円×１／２＝7,800万円
　　　7,800万円×30％－700万円＝1,640万円…①
・長男C、養子１人、孫G：15,600万円×１／６＝2,600万円
　　　2,600万円×15％－50万円＝340万円…②
①＋②×３人＝2,660万円

チャレンジ問題

解答・解説は161ページ～

【設問】 次の《設例》に基づいて、下記の【問題59】～【問題61】に答えなさい。

《設例》

Ａさんは、2024年５月に病気により70歳で死亡した。ＡさんとＢさんは、長女Ｄさん家族と20年前から同居しており、Ａさん夫婦は長女Ｄさんの子である孫Ｆさんと養子縁組（特別養子縁組ではない）をしている。また、Ａさんは生前に公正証書遺言を作成している。

Ａさんの親族関係図および主な財産の状況等は、以下のとおりである。

〈Ａさんの親族関係図〉

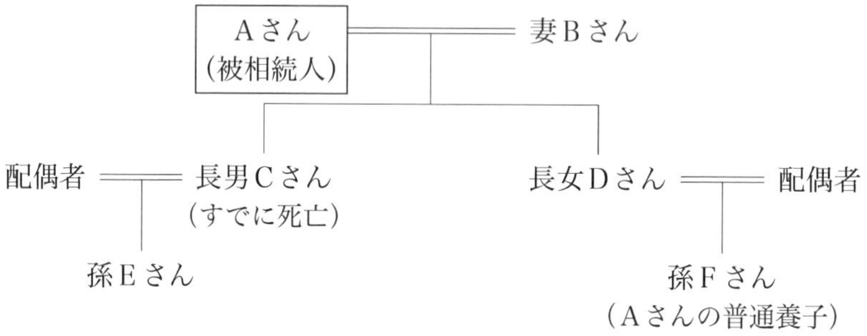

〈Ａさんの主な財産（相続税評価額）〉

・預貯金　　　　　：7,000万円
・有価証券　　　　：6,300万円
・自宅の敷地（250㎡）：１億2,500万円
（「小規模宅地等についての相続税の課税価格の計算の特例」適用前）
・自宅の建物　　　：1,100万円

〈Ａさんが加入していた生命保険契約に関する資料〉

保険の種類　　　　　　　　　：終身保険
契約者（＝保険料負担者）・被保険者：Ａさん
死亡保険金受取人　　　　　　：妻Ｂさん
死亡保険金額　　　　　　　　：2,500万円

※上記以外の条件は考慮せず、各問に従うこと。

【問題59】 相続開始後の手続等に関する以下の文章の空欄①～④に入る最も適切な語句を、下記の〈語句群〉のイ～ヲのなかから選び、その記号を解答用紙に記入しなさい。

ⅰ）Ａさんが作成していた公正証書遺言は、証人（ ① ）以上の立会いのもと、遺言者が遺言の趣旨を公証人に口授し、公証人がこれを筆記して作成されるものであり、作成された遺言書の原本は（ ② ）に保管される。この方式による遺言は、被相続人の相続開始後に検認の手続が不要である。

ⅱ）相続人は自己のために相続の開始があったことを知った時から原則として（ ③ ）以内に、その相続について単純承認、限定承認または放棄のいずれかを選択しなければならない。また、相続税の申告義務を有する者は、遺産が分割されたか否かにかかわらず、その相続の開始があったことを知った日の翌日から原則として（ ④ ）以内に、相続税の申告書を納税地の所轄税務署長に提出しなければならない。

〈語句群〉

イ．１人	ロ．２人	ハ．３人	ニ．家庭裁判所	ホ．簡易裁判所
ヘ．公証役場	ト．１ヵ月	チ．３ヵ月	リ．４ヵ月	ヌ．６ヵ月
ル．８ヵ月	ヲ．10ヵ月			

答え

①		②		③		④	

【問題60】 Ａさんの相続に関する次の記述①～③について、適切なものには○印を、不適切なものには×印を解答用紙に記入しなさい。

①孫Ｅさんおよび孫Ｆさんが相続人となる場合、これらの者に係る相続税額は２割加算となる。

②妻Ｂさんが相続によりＡさんの自宅の敷地（宅地）を取得する場合、その敷地（宅地）を相続税の申告期限までに売却した場合であっても、「小規模宅地等についての相続税の課税価格の計算の特例」の適用を受けることにより、330㎡を限度面積として、評価額の80％を減額することができる。

③「配偶者に対する相続税額の軽減」は、相続税の申告期限までに遺産が分割された場合にのみ適用を受けることができるため、申告期限後に遺産が分割された場合、妻Ｂさんはその適用を受けることができない。

答え

①		②		③	

【問題61】 Aさんの相続における課税遺産総額（課税価格の合計額－遺産に係る基礎控除額）が1億2,000万円であった場合の相続税の総額を計算した下記の表の空欄①～③に入る最も適切な数値を求めなさい。なお、問題の性質上、明らかにできない部分は「□□□」で示してある。

課税価格の合計額		□□□万円
	遺産に係る基礎控除額	□□□万円
課税遺産総額		1億2,000万円
	相続税の総額の基となる税額	
	妻Bさん	（ ① ）万円
	長女Dさん	（ ② ）万円
	⋮	⋮
相続税の総額		（ ③ ）万円

〈相続税の速算表（一部抜粋）〉

法定相続分に応ずる取得金額	税率	控除額
1,000万円以下	10%	—
1,000万円超　3,000万円以下	15%	50万円
3,000万円超　5,000万円以下	20%	200万円
5,000万円超　1億円以下	30%	700万円

答え

①	万円	②	万円	③	万円

【設問】　次の《設例》に基づいて、下記の【問題62】～【問題64】に答えなさい。

《設例》

Aさん（75歳）は、自分の死後に親族が遺産を巡って争うことのないように、遺言書の作成を検討している。Aさん夫婦は、Eさん（45歳）およびその妻Fさん（43歳）とそれぞれ5年前に養子縁組を行っている。また、Aさんは病弱な妹Cさん（68歳）の生活を心配しており、金融資産の一部を遺贈したいと考えている。

Aさんの親族関係図およびAさんの主な財産の状況は、以下のとおりである。

〈Aさんの親族関係図〉

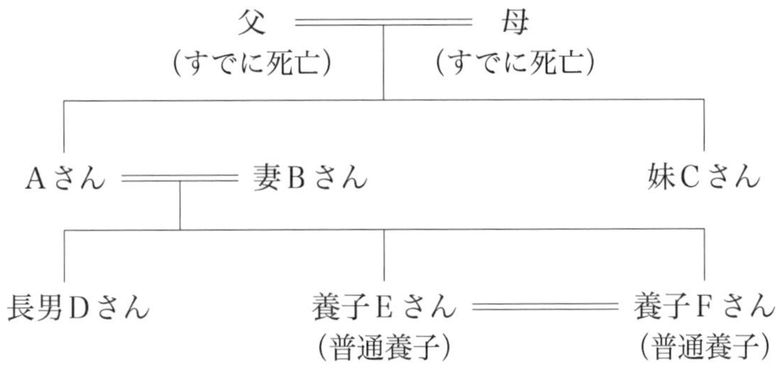

〈Aさんの主な財産（相続税評価額）〉

預貯金　　　　　　　：1億2,000万円

有価証券　　　　　　：5,000万円

自宅の敷地（300㎡）：1億5,000万円

（上記の評価額は「小規模宅地等についての相続税の課税価格の計算の特例」の適用前のものである）

自宅の家屋　　　　　：800万円

※上記以外の条件は考慮せず、各問に従うこと。

【問題62】 遺言に関する以下の文章の空欄①～③に入る最も適切な語句を、下記の〈語句群〉のイ～チのなかから選び、その記号を解答用紙に記入しなさい。

民法上の遺言には普通方式と特別方式があり、普通方式には自筆証書遺言、公正証書遺言、秘密証書遺言がある。

自筆証書遺言は、遺言者が全文、日付および氏名を自書し押印して作成される遺言である。この方式による遺言書の保管者またはこれを発見した相続人は、遺言者の相続の開始を知った後、遅滞なくその遺言書を（　①　）に提出してその検認を請求しなければならない。

公正証書遺言は、遺言者が遺言の趣旨を公証人に口授し、公証人がそれを筆記して作成される遺言であり、作成にあたっては証人（　②　）以上の立会いが必要である。この方式による遺言書については検認の手続は不要である。

また、遺言者が遺言を作成した後、遺言の対象となった財産の一部を譲渡するなど生前処分し、遺言の内容と抵触した場合、遺言の（　③　）を撤回したものとみなされる。

〈語句群〉

イ．公証人役場　ロ．法務局　ハ．家庭裁判所　ニ．１人　ホ．２人
へ．３人　ト．すべて　チ．抵触する部分

答え

①		②		③	

【問題63】 Aさんの相続に関する次の記述①～③について、適切なものには○印を、不適切なものには×印を解答用紙に記入しなさい。

①Ａさんが妹Ｃさんを受遺者とする公正証書遺言を作成する場合、推定相続人ではない妹Ｃさんは証人となることができる。

②仮に、遺留分算定の基礎となる財産の価額を３億6,000万円とした場合、長男Ｄさんの遺留分は4,500万円である。

③Ａさんが自身の相続についてファイナンシャル・プランナー（以下、「ＦＰ」という）に相談した場合、相談を受けたＦＰは、職業倫理上、Ａさんの個人情報について守秘義務を厳守することが求められる。

答え

①		②		③	

【問題64】 仮に、Aさんの相続が2024年5月時点で発生した場合について、Aさんの相続に係る相続税の総額を計算した下記の表の空欄①～④に入る最も適切な数値を解答用紙に記入しなさい。なお、Aさんの課税遺産総額は1億6,000万円として計算すること。また、問題の性質上、明らかにできない部分は□□□で示してある。

課税価格の合計額		□□□万円
	遺産に係る基礎控除額	（ ① ）万円
課税遺産総額		1億6,000万円
	相続税の総額の基となる税額	
	妻Bさん	（ ② ）万円
	長男Dさん	（ ③ ）万円
	⋮	⋮
相続税の総額		（ ④ ）万円

〈相続税の速算表〉

法定相続分に応ずる取得金額	税率控除額	控除額
1,000万円以下	10%	――
1,000万円超　3,000万円以下	15%	50万円
3,000万円超　5,000万円以下	20%	200万円
5,000万円超　1億円以下	30%	700万円
1億円超　2億円以下	40%	1,700万円
2億円超　3億円以下	45%	2,700万円
3億円超　6億円以下	50%	4,200万円
6億円超	55%	7,200万円

答え

①	万円	②	万円	③	万円	④	万円

【設問】 次の《設例》に基づいて、下記の【問題65】～【問題66】に答えなさい。

《設例》

Aさんは70歳になり自身の相続について考えるようになった。Aさん夫婦には子どもがおらず、Aさんは自分が死亡した後は全財産を妻Bさんに相続させたいと考えている。

なお、Aさんの親族関係図および財産の状況は、以下のとおりである。

〈Aさんの親族関係図〉

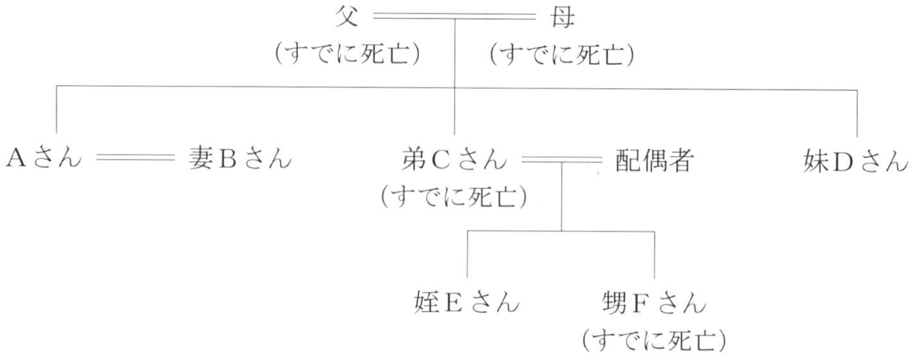

〈Aさんの財産（相続税評価額）〉

・預貯金　：8,000万円
・有価証券　：7,000万円
・自宅（家屋）　：1,000万円
・自宅（家屋）の敷地である宅地（200㎡）：２億円
（Aさん夫婦が居住の用に供している自宅の敷地であり、金額は「小規模宅地等についての相続税の課税価格の計算の特例」の適用前のものである）

※上記以外の条件は考慮せず、各問に従うこと。

【問題65】 仮に、Aさんの相続が2024年４月時点で発生した場合について、Aさんの相続に係る相続税の総額を計算した下記の表の空欄①～③に入る最も適切な数値を解答用紙に記入しなさい。なお、問題の性質上、明らかにできない部分は□□□で示してある。

課税価格の合計額		□□□万円
	遺産に係る基礎控除額	（　①　）万円
課税遺産総額		1億5,200万円
	相続税の総額の基となる税額	
	妻Bさん	（　②　）万円
	⋮	⋮
相続税の総額		（　③　）万円

〈相続税の速算表〉

法定相続分に応ずる取得金額	税率	控除額
1,000万円以下	10%	——
1,000万円超　3,000万円以下	15%	50万円
3,000万円超　5,000万円以下	20%	200万円
5,000万円超　1億円以下	30%	700万円
1億円超　2億円以下	40%	1,700万円
2億円超　3億円以下	45%	2,700万円
3億円超　6億円以下	50%	4,200万円
6億円超	55%	7,200万円

答え | ① | 万円 | ② | 万円 | ③ | 万円 |

【問題66】　Aさんは、自身の相続について妻Bさんが納付することになる相続税額を気にかけている。仮に、2024年4月時点でAさんの相続が発生し、全財産を妻Bさんが相続した場合について、配偶者に対する相続税額の軽減額を算出した下記の計算式の空欄①～③に入る最も適切な語句を、下記の〈語句群〉のイ～リのなかから選び、その記号を解答用紙に記入しなさい。なお、Aさんの相続に係る相続税の課税価格の合計額は2億円とする。

配偶者に対する相続税額の軽減額＝相続税の総額（《問題65》で求めた額）× $\frac{X}{(\quad①\quad)}$

Xの金額は、次のⅠ・Ⅱのいずれか低い金額

Ⅰ：a、bのいずれか高い金額

a：（　①　）×配偶者の法定相続分

b：（　②　）

Ⅱ：妻Bさんの相続税の課税価格

したがって、妻Bさんに対する相続税額の軽減額は（　③　）となる。

〈語句群〉

イ．1,665万円　ロ．2,497万5,000円　ハ．2,664万円　ニ．1,664万円
ホ．1億円　ヘ．1億2,000万円　ト．1億5,000万円　チ．1億6,000万円
リ．2億円

答え | ① | | ② | | ③ | |

16．土地・建物の財産評価

重要度
★

出題傾向	●実技試験での出題は少ないが、相続税計算の前提となるので、基本は理解しておくこと。

●土地等の財産評価●

宅地	＊市街地→**路線価方式** 算式：路線価×奥行価格補正率など×地積＝自用地評価額 〈例〉 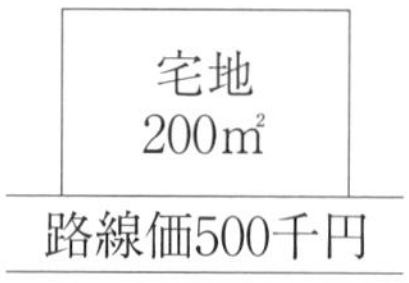 奥行価格補正率1.0 500千円×1.0×200㎡＝100,000千円 ＊その他→**倍率方式** 算式：**固定資産税評価額×倍率**（倍率は国税局長が地域ごとに定める） 〈例〉固定資産税評価額10,000千円、倍率1.1の場合 10,000千円×1.1＝11,000千円
貸家建付地	＊自分の土地にアパートなどの貸家を建てている場合の宅地の評価 算式：**自用地評価額×（1－借地権割合×借家権割合×賃貸割合）** （注1）借地権割合…地域によって30％～90％ （注2）借家権割合…全国すべての地域が30％ 〈例〉自用地評価額100,000千円、借地権割合60％、借家権割合30％、賃貸割合100％の場合 100,000千円×（1－60％×30％×100％）＝82,000千円
貸宅地	＊借地権（定期借地権等を除く）の目的となっている宅地（底地）の評価 算式：**自用地評価額×（1－借地権割合）** 〈例〉自用地評価額100,000千円、借地権割合60％の場合 100,000千円×（1－60％）＝40,000千円
借地権	＊借地権の評価 算式：**自用地評価額×借地権割合** 〈例〉自用地評価額100,000千円、借地権割合60％の場合 100,000千円×60％＝60,000千円

●建物の評価●

建物	算式：**固定資産税評価額×1.0（倍率）** 〈例〉建物の固定資産税評価額10,000千円の場合 10,000千円×1.0＝10,000千円
貸家	＊賃貸用建物の評価 算式：**固定資産税評価額×1.0×（1－借家権割合×賃貸割合）** 〈例〉建物の固定資産税評価額10,000千円、借家権割合30％、賃貸割合100％の場合 10,000千円×1.0×（1－30％×100％）＝7,000千円

【問　題】 Aさんの所有する土地について、下記の①、②の相続税評価額を求めなさい。なお、小規模宅地等の特例については、考慮する必要はない。計算過程を示すこと。また、答えは千円単位（千円未満は切捨て）とすること。

《設例》

Aさんは、今年65歳になる。現在Aさんは、妻Bが所有するマンションに妻と２人で住んでいる。一方で、Aさんは土地（更地）を所有しているが、老後の生活や将来の相続税のことを考え、その土地に賃貸アパートを建てるかどうかを決めかねている。なお、Aさんの家族構成と土地（更地）の状況は次のとおりである。

〈Aさんの家族構成〉

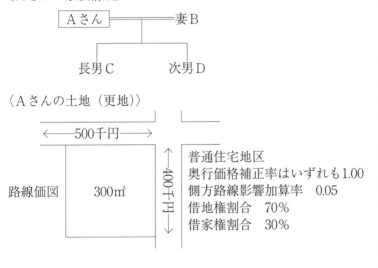

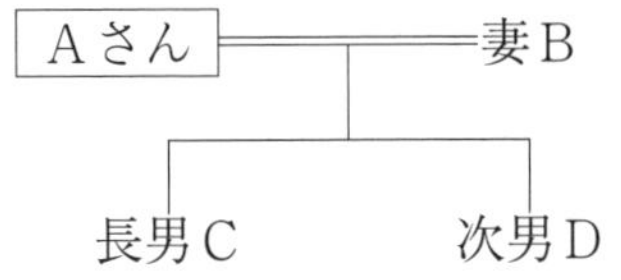

〈Aさんの土地（更地）〉

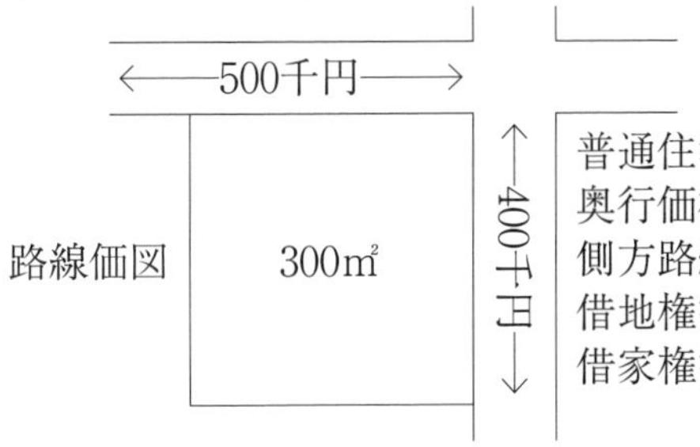

普通住宅地区
奥行価格補正率はいずれも1.00
側方路線影響加算率　0.05
借地権割合　70％
借家権割合　30％

① この土地の更地（自用地）としての相続税評価額①

② この土地にAさんが賃貸アパートを建築し、賃貸割合が100％であるとした場合の土地（貸家建付地）の相続税評価額②

チェックポイント

①角地は次のように評価する。

イ．正面路線価（路線価に奥行価格補正率を乗じて計算した金額の高い方の路線）の奥行価格補正

正面路線価×奥行価格補正率＝イ

ロ．側方路線影響加算額の計算

側方路線価×奥行価格補正率×側方路線影響加算率＝ロ

ハ．評価対象地の１㎡当たりの価額

イ＋ロ＝ハ

ニ．評価対象地の評価額

ハ×地積

②貸家建付地＝自用地評価額×（１－借地権割合×借家権割合×賃貸割合）

正解　答え　①156,000千円　②123,240千円

①（500千円×1.00＋400千円×1.00×0.05）×300㎡＝156,000千円

②156,000千円×（１－70％×30％×100％）＝123,240千円

17. 小規模宅地等の特例

重要度
★★

出題傾向	●相続税の計算過程で、この特例を使った問題が出題されている。基本的な計算方法は覚えておきたい。

●小規模宅地等の特例のポイント●

小規模宅地等の特例（小規模宅地等についての相続税の課税価格の計算の特例）とは、相続財産のうち一定の要件を満たせば、限度面積まで、一定割合を減額するという特例。

〈主な限度面積と減額割合〉

	限度面積	減額割合
特定居住用宅地等 ・配偶者が取得 ・同居親族が取得し引き続き居住している　など	**330㎡**	**80%**
特定事業用宅地等 被相続人の事業の用に供されていた宅地を親族が取得し事業を承継する場合など	**400㎡**	**80%**
貸付事業用宅地等 貸家建付地（アパート等の敷地）、駐車場など （注）この特例は建物または構築物の敷地が前提なので、これらの設備のない青空駐車場は適用がない	**200㎡**	**50%**

●計算例●

【問　題】　次の土地について、①、②の場合、小規模宅地等の特例を適用した場合の相続税評価額を求めてください。

・土地　400㎡（小規模宅地等の特例適用前の相続税評価額：１億円）

①この土地が居住用宅地で、配偶者が取得した場合

②この土地がアパートの敷地の場合

〈正解〉

①配偶者が居住用宅地を取得した場合、330㎡まで80%減額される。したがって、次のようになる

$$1億円-\left(1億円\times\frac{330㎡}{400㎡}\times 80\%\right)=3{,}400万円$$

②貸付事業用宅地等なので、200㎡まで50%減額される。したがって、次のようになる

$$1億円-\left(1億円\times\frac{200㎡}{400㎡}\times 50\%\right)=7{,}500万円$$

【問１】 次の〈設例〉に基づいてAさんが所有する２つの宅地について「小規模宅地等についての相続税の課税価格の計算の特例」を、居住用家屋の敷地から優先して適用を受ける場合の、減額金額の合計額を求めなさい。

〈設例〉
Aさんが2024年４月１日に死亡したものと仮定する。
※相続財産（特定居住用宅地等と貸付事業用宅地等の場合）①
Aさんの相続財産のうち、宅地は次の２つである。
①Aさんと妻Bの居住用家屋の敷地（特定居住用宅地等）132㎡
自用地としての１㎡当たりの相続税評価額50万円
②貸家の敷地（貸付事業用宅地等）160㎡
貸家建付地としての１㎡当たりの相続税評価額60万円

【問２】 上記の設例で、相続財産の宅地が下記である場合の減額金額の合計額を求めなさい。

＊相続財産（特定居住用宅地等と特定事業用宅地等の場合）②
①特定居住用宅地等132㎡：１㎡当たりの相続税評価額50万円
②特定事業用宅地等160㎡：１㎡当たりの相続税評価額60万円

チェックポイント

①貸付事業用宅地等を含む２以上の種類の宅地等について特例の適用を受ける場合、地積の限度は次のように計算する。
特定事業用宅地等の適用地積×200／400＋特定居住用宅地等の適用地積×200／330＋貸付事業用宅地等の適用地積≦200㎡

②小規模宅地等の特例の対象として選択する宅地等のすべてが、特定居住用宅地等と特定事業用宅地等である場合は、それぞれの適用限度面積まで適用可能で調整計算は不要。

正解

【問１】 答え　8,880万円

特定居住用宅地等と貸付事業用宅地等の宅地について特例を受け、かつ特定居住用宅地等から優先して特例の適用を受ける場合、貸付事業用宅地等の適用地積をXとすると、

132㎡×200／330＋X≦200㎡　X＝120㎡

特定居住用宅地等の減額割合は80％、貸付事業用宅地等の減額割合は50％であるので、減額金額の合計額は次のように計算される

①50万円×132㎡×80％＝5,280万円
②60万円×120㎡×50％＝3,600万円
5,280万円＋3,600万円＝8,880万円

【問２】 答え　１億2,960万円

小規模宅地等の特例の対象として選択する宅地等のすべてが特定居住用宅地等と特定事業用宅地等である場合は、調整計算は不要で、それぞれの適用限度面積まで適用できる。

①50万円×132㎡×80％＝5,280万円
②60万円×160㎡×80％＝7,680万円
5,280万円＋7,680万円＝１億2,960万円

チャレンジ問題

解答・解説は165ページ～

【設問】 次の《設例》に基づいて、下記の【問題67】～【問題68】に答えなさい。

《設例》

Aさん（77歳）は、喜寿を迎えたことを機に、以前から気がかりだった自身の相続について考え始めた。Aさんは、自宅（建物およびその敷地たる宅地）を妻Bさんに取得させたいと考えているが、自宅の相続に関しては特例があると聞いたことがある。また、Aさんは、長男Cさんが2012年6月に死亡して以来、孫Eさんの生活を案じ、長男Cさんの配偶者に対して資金援助を行ってきたが、自分の死後も孫Eさんが安心して生活できるように準備をしたいと考えている。

Aさんの親族関係図および自宅に関する資料は、以下のとおりである。なお、Aさんおよび相続人は日本国籍で、かつ日本国内に住所を有し、財産はすべて日本国内にあるものとする。

〈Aさんの親族関係図〉

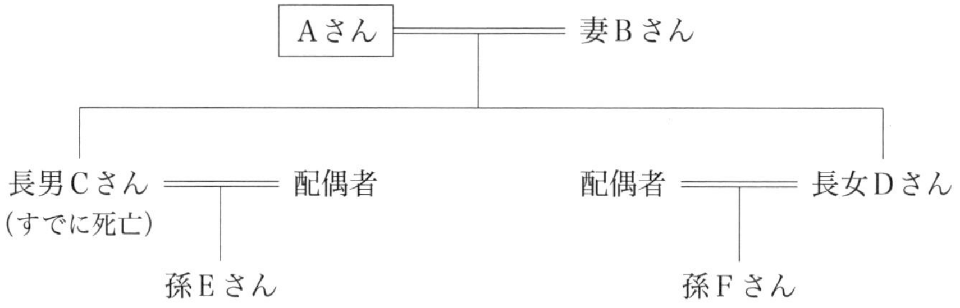

〈Aさんの自宅に関する資料〉

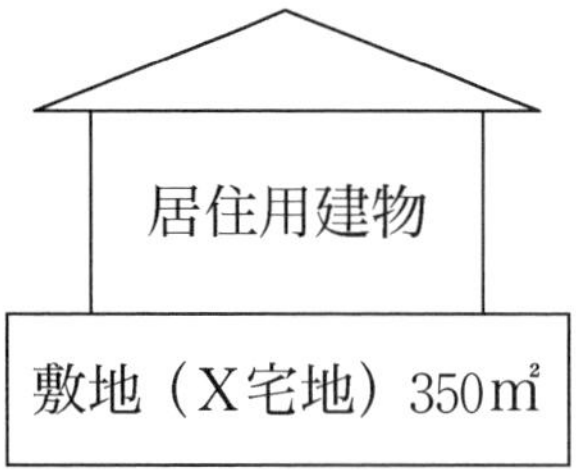

・X宅地の地積：350㎡
・X宅地の自用地としての相続税評価額
　：60万円（1㎡当たり）
・Aさんおよび妻Bさんが居住している家屋の敷地たる宅地である

※上記以外の条件は考慮せず、各問に従うこと。

【問題67】 Aさんの相続に関する次の記述①～③について、適切なものには○印を、不適切なものには×印を解答用紙に記入しなさい。

①妻Bさんは、Aさんから相続したX宅地を相続税の申告期限までに売却した場合であっても、「小規模宅地等についての相続税の課税価格の計算の特例」の適用を受けることができる。

②Aさんを契約者（＝保険料負担者）・被保険者とする生命保険の死亡保険金を長男Cさんの配偶者のみが受け取った場合、その死亡保険金の全額が相続税の課税対象となる。

③Aさんが自筆証書により「私の財産について、妻Bに2分の1を相続させ、長男Cの配偶者に残りを遺贈する」という旨の遺言書を作成したとしても、法定相続分に反する内容であるため無効となる。

答え

①		②		③	

【問題68】 仮に、Aさんの相続が2024年6月時点で発生し、妻BさんがX宅地のすべてを相続により取得して、「小規模宅地等についての相続税の課税価格の計算の特例」の適用をその限度額まで受けた場合、X宅地についてAさんに係る相続における相続税の課税価格に算入すべき価額はいくらになるか。計算過程を示して求めなさい。なお、〈答〉は万円単位とすること。また、X宅地以外にこの特例の適用を受ける宅地等はないものとする。

答え 　　　　万円

18. 贈与税の計算

重要度
★

出題傾向	●次項の「相続時精算課税制度」などとセットで、出題されることがある。基本的な計算はできるようにしておきたい。

●贈与税（暦年課税）の計算方法●

贈与税額＝（課税価格　－　基礎控除）×税率

課税価格：1年以内に贈与を受けた合計

基礎控除：**110万円**

〔贈与税の税額速算表〕（A）×（B）－（C）

基礎控除後の課税価格（A）	①一般税率（一般財産用）		②特例税率（特例贈与財産用）	
	税率（B）	控除額（C）	税率（B）	控除額（C）
200万円以下	10%	－	10%	－
200万円超　300万円以下	15%	10万円	15%	10万円
300万円超　400万円以下	20%	25万円		
400万円超　600万円以下	30%	65万円	20%	30万円
600万円超　1,000万円以下	40%	125万円	30%	90万円
1,000万円超　1,500万円以下	45%	175万円	40%	190万円
1,500万円超　3,000万円以下	50%	250万円	45%	265万円
3,000万円超　4,500万円以下	55%	400万円	50%	415万円
4,000万円超			55%	640万円

①**一般税率**の速算表は、「特例贈与財産用」に該当しない場合の贈与税の計算に使用
（例）**夫婦間の贈与**、兄弟間の贈与、親から子への贈与で子が未成年者の場合など

②**特例税率**の速算表は、直系尊属（祖父母や父母など）から、贈与を受けた年の1月1日現在で**18歳以上の子・孫**などへの贈与税の計算に使用

●贈与税の配偶者控除●

内容	配偶者から居住用不動産またはその購入資金を贈与された場合、贈与税の課税価格から110万円の基礎控除とは別枠で、**2,000万円**を控除できる
要件	**婚姻期間が20年以上**であること（**同一の配偶者については一生に一度しか利用できない**）。贈与税がゼロであっても**申告が必要**

●教育資金の一括贈与に係る非課税制度●

内容	直系尊属から教育資金を贈与された場合、**1,500万円**（学校等以外の者に支払われたものは500万円が限度）までを非課税とする。
要件・手続き	・贈与者：父母、祖父母等の直系尊属、受贈者：30歳未満の子、孫等（注1） ・手続き：受贈者名義の金融機関の口座等に、教育資金を一括拠出 ・受贈者が30歳になったとき等に残額があれば原則として贈与税を課税（注2） ・贈与者死亡時に残額があれば、すべての残高が相続税の対象。ただし、次のいずれかに該当する場合は対象外（**課税価格の合計額が5億円を超える場合を除く**）。①23歳未満である場合、②学校に在学している場合、③教育訓練給付金の支給対象となる教育訓練を受講している場合。

●結婚・子育て資金の一括贈与に係る非課税制度●

内容	直系尊属から結婚・子育て資金を贈与された場合、**1,000万円**（結婚費用は300万円）までを非課税に
要件・手続き	・贈与者：父母、祖父母等の直系尊属、受贈者：18歳以上50歳未満の子、孫等（注1） ・手続き：受贈者名義の金融機関の口座等に、結婚・子育て資金を一括拠出 ・受贈者が50歳になったとき等に残額があれば贈与税を課税（注2）

（注1）贈与の年の前年の合計所得金額が1,000万円以下であること
（注2）2023年4月1日以後に取得する信託受益権等については、特例税率ではなく一般税率を適用

【問　題】 **Aさん（30歳）は2024年中に、夫から100万円の贈与、①父から400万円の贈与を受けた。②本年はほかに贈与を受けないとした場合、贈与税額はいくらになるか求めなさ③い。なお、配偶者控除や各種の非課税措置ならびに相続時精算課税制度の適用は受けないものとする。**

〔贈与税の税額速算表〕（一部抜粋）

課税価格	①一般税率（一般財産用）		②特例税率（特例贈与財産用）	
	税率	控除額	税率	控除額
200万円以下	10%	−	10%	−
300万円以下	15%	10万円	15%	10万円
400万円以下	20%	25万円		
600万円以下	30%	65万円	20%	30万円

チェックポイント

①一般贈与財産となる。

②特例贈与財産となる。

③一般贈与財産（A）と特例贈与財産（B）の両方の計算が必要な場合、次のように計算する。
（1）（A＋B）を一般税率で計算した税額×A／（A＋B）
（2）（A＋B）を特例税率で計算した税額×B／（A＋B）
贈与税額＝（1）＋（2）

正解　49.4万円

（1）夫からの贈与：すべての贈与財産を「一般税率」で計算した税額に占める「一般贈与財産」の割合に応じた税額の計算

（一般贈与財産）（特例贈与財産）　（基礎控除）
100万円　＋　400万円　−　110万円＝390万円

390万円×20％－25万円＝53万円

53万円×100万円／（100万円＋400万円）＝10.6万円

（2）父からの贈与：すべての贈与財産を「特例税率」で計算した税額に占める「特例贈与財産」の割合に応じた税額の計算

100万円＋400万円－110万円＝390万円

390万円×15％－10万円＝48.5万円

48.5万円×400万円／（100万円＋400万円）＝38.8万円

（3）贈与税額：（1）10.6万円＋（2）38.8万円＝49.4万円

19. 相続時精算課税制度

重要度 ★

出題傾向	●出題頻度は低いが、2015年から一部改正されているので、出題の可能性もあるので、基本はしっかり覚えておこう。

●相続時精算課税制度●

適用対象者	・贈与者：贈与した年の１月１日で**60歳以上**の親、祖父母 ・受贈者：贈与した年の１月１日で**18歳以上**の子、孫
適用手続き	最初の贈与を受けた年の翌年２月１日～３月15日に届出を行う
適用対象財産	贈与財産の種類、金額、**贈与回数**には制限を設けない
贈与税の計算	・非課税枠(特別控除)：累積**2,500万円**(一生涯、複数年にわたって利用可) ・税額計算：{(１年間の贈与額－年間110万円の基礎控除)の合計額－2,500万円の特別控除}×**20%** (注)相続時精算課税と暦年贈与（110万円非課税）の併用はできないが、2024年１月１日以降は、2,500万円の特別控除とは別枠で毎年110万円までは課税されない
相続税の計算	・本制度の適用を受けた贈与財産が**贈与時の価額**で相続財産に加算され、相続税が計算される ・本制度により納めた贈与税があれば、相続税から控除し、控除しきれない場合は還付される

●住宅取得等資金の贈与を受けた場合の相続時精算課税選択の特例●

概要	相続時精算課税制度については、一定の住宅の取得や増改築に限り、60歳未満の親等からの贈与についても適用される
適用対象者	・贈与者：親、祖父母（**60歳未満でも可**） ・受贈者：贈与した年の１月１日で**18歳以上**の子、孫
非課税枠	**2,500万円**（「直系尊属から住宅取得等資金の贈与を受けた場合の非課税制度」（下記参照）と併用可）
適用期限	2026年12月31日までの間に贈与により取得した住宅取得等資金に適用 （上記の「相続時精算課税制度」自体は永久的措置）

●直系尊属から住宅取得等資金の贈与を受けた場合の非課税制度●

内容	直系尊属から住宅購入資金を贈与された場合、贈与税の課税価格から相続時精算課税制度の2,500万円や基礎控除110万円とは別枠で下記控除を受けることができる。 ＊2026年12月までの贈与の場合：**500万円。省エネ等良質な住宅の場合は1,000万円。**
要件	贈与者：親、祖父母等の直系尊属 受贈者：18歳以上で合計所得金額2,000万円以下 床面積：50㎡以上240㎡以下。ただし、**受贈者の合計所得金額が1,000万円以下の場合は40㎡以上50㎡未満も対象。**

チェックポイント

〈設例〉

Aさん（73歳）は、妻Bさん（69歳）との2人暮らしである。Aさんには、妻Bさんとの間に、長男Cさん（38歳）および二男Dさん（36歳）の2人の子がいる。Aさんは、将来の相続のことを考えて、2024年に、長男Cさんに対して、賃貸マンションの建物（相続税評価額は3,000万円）を贈与した。

【問1】 Aさんからの贈与について、長男Cさんが相続時精算課税制度の適用を受けることに関する次の記述①～③について、適切なものには○印を、不適切なものには×印を解答用紙に記入しなさい。

① 長男Cさんが相続時精算課税制度の適用を受けるためには、贈与を受けた財産に係る贈与税の申告期限内に一定の必要事項を記載した相続時精算課税選択届出書を贈与税の申告書に添付して、納税地の所轄税務署長に提出しなければならない。①

② 長男Cさんが2024年の賃貸マンションの建物の贈与について相続時精算課税制度の適用を受けた場合、同年以後に行われるAさんからの贈与については、暦年課税を選択することができなくなる。②

③ 長男Cさんが2024年の賃貸マンションの建物の贈与について相続時精算課税制度の適用を受けた場合、同年以後に行われる母親であるBさんからの贈与については、暦年課税を選択することができなくなる。③

①適切。

②適切。

③不適切。相続時精算課税制度は、父母など贈与者それぞれについて選択して適用を受けることができるので、母親であるBさんからの贈与については、暦年課税を選択することができる。

正解
① ○
② ○
③ ×

【問2】 Aさんからの賃貸マンションの建物の贈与について、長男Cさんが相続時精算課税制度の適用を受けた場合の贈与税額を求める次の〈計算式〉の空欄①～④に入る最も適切な数値を解答用紙に記入しなさい。なお、長男Cさんは、Aさんからの贈与について、これまで相続時精算課税制度の適用を受けたことはない。また、問題の性質上、明らかにできない部分は「□□□」で示してある。

〈計算式〉

・3,000万円－基礎控除（　①　）万円①－特別控除（　②　）万円②
　＝□□□万円

・□□□万円×（　③　）%③＝（　④　）万円④

①基礎控除110万円

②特別控除2,500万円

③一律20%

④3,000万円－110万円－2,500万円＝390万円
390万円×20%＝78万円

正解
① 110
② 2,500
③ 20
④ 78

チャレンジ問題

解答・解説は166ページ～

【設問】 次の《設例》に基づいて、【問題69】～【問題71】に答えなさい。

《設例》

Aさんは、同居している妻Bさんおよび長男Cさんに対して円滑に財産を移転するため、生前贈与をしたいと考えている。また、妻Bさんも長男Cさんへの生前贈与を考えているので、2人でファイナンシャル・プランナーに相談することにした。

なお、Aさんおよびその親族は全員、日本国内に住所を有し、財産はすべて日本国内にある。

〈Aさんの親族関係図〉

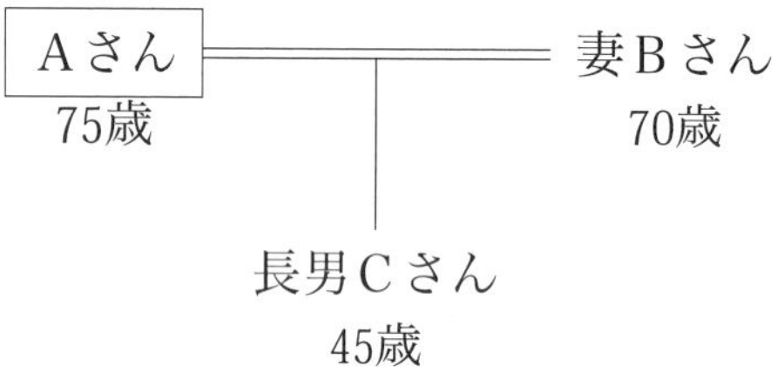

〈生前贈与財産の贈与時点の相続税評価額〉

・妻Bさんに対する贈与

Aさんが妻Bさんと同居している下記の家屋およびその敷地のそれぞれ25%を贈与する。

家屋：1,000万円（家屋全体の評価額）

敷地：1億円（敷地全体の評価額）

・長男Cさんに対する贈与

Aさんからの贈与　：預金3,000万円

妻Bさんからの贈与：預金1,000万円

＊長男Cさんは過去に相続時精算課税制度の適用を受けたことがない。

〈参考〉

〔贈与税の税額速算表〕（一部抜粋）

基礎控除後の課税価格	①一般税率（一般財産用）		②特例税率（特例贈与財産用）	
	税率	控除額	税率	控除額
～　200万円以下	10%	－	10%	－
200万円超～　300万円以下	15%	10万円	15%	10万円
300万円超～　400万円以下	20%	25万円		
400万円超～　600万円以下	30%	65万円	20%	30万円
600万円超～1,000万円以下	40%	125万円	30%	90万円

※上記以外の条件は考慮せず、各問に従うこと。

【問題69】 妻Bさんは、Aさんからの贈与について、贈与税の配偶者控除の適用を受けるつもりである。贈与税の配偶者控除に関して、ファイナンシャル・プランナーが説明した以下の文章の空欄①〜③に入る最も適切な語句を、下記の〈語句群〉のア〜クのなかから選び、その記号を解答用紙に記入しなさい。

居住用不動産を贈与された配偶者が、贈与税の配偶者控除の適用を受けるためには（ ① ）において、贈与した配偶者との婚姻期間が20年以上であることが必要である。

贈与税の配偶者控除の対象となる居住用不動産の贈与価額が仮に3,000万円である場合、贈与税の課税価格から控除される贈与税の配偶者控除の額は、贈与税の基礎控除の額とは別に最高で（ ② ）である。

また、2024年現在、贈与を受けた者が、その贈与を受けた日の後３年より前に贈与者が死亡したことによりその死亡した者の相続財産を取得した場合には、原則として、受贈財産の受贈時の価額がその者の相続税の課税価格に加算される。その場合、適用を受けた贈与税の配偶者控除の額は、相続税の課税価格に（ ③ ）。

〈語句群〉

ア．贈与の日　イ．贈与のあった日の属する年の１月１日
ウ．贈与のあった日の属する年の12月31日　エ．1,000万円
オ．2,000万円　カ．2,500万円　キ．含まれる　ク．含まれない

答え

①		②		③	

【問題70】 仮に、妻Bさんへ《設例》の贈与が2024年中に行われ、妻Bさんが贈与税の配偶者控除の適用を受けた場合における贈与税額を求めなさい。計算過程を示し、〈答〉は万円単位とすること。なお、妻Bさんは、2024年中にこれ以外に贈与を受けた財産はないものとする。

答え　　万円

【問題71】 仮に、長男Cさんへ《設例》の贈与が2024年中に行われ、長男Cさんが、Aさんおよび妻Bさん２人からの贈与について、いずれも相続時精算課税を選択した場合の贈与税額を求めなさい。計算過程を示し、〈答〉は万円単位とすること。なお、長男Cさんは、2024年中にこれ以外に贈与を受けた財産はないものとする。また、贈与税額が最も少額になるように計算すること。

答え　　万円

チャレンジ問題〔解答と解説〕

【問題１】　正解　13,454,000円

現価係数を使う。1,400万円×0.961＝13,454,000円

【問題２】　正解　10,569,120円

年金終価係数を使う。48万円×22.019＝10,569,120円

【問題３】　正解　595,000円

減債基金係数を使う。1,700万円×0.035＝595,000円

【問題４】　正解　968,000円

減債基金係数を使う。800万円×0.121＝968,000円

【問題５】　正解　①137万円　②167万円

①将来の目標額（事例の場合1,500万円）を一定期間（事例の場合10年間）に複利（年利率２％）で貯めていくとしたとき、毎年の積立額はいくらかを求める場合には、「減債基金係数」を使う。
15,000,000円×0.09133＝1,369,950円（万円未満四捨五入）→137万円

②保有している原資（事例の場合2,500万円）を一定期間（事例の場合18年）にわたり毎年複利運用しながら均等に取り崩すとしたとき、１年間の年金額はいくらになるかを求める場合には、「資本回収係数」を使う。
25,000,000円×0.06670＝1,667,500円（万円未満四捨五入）→167万円

【問題６】　正解　①ハ　②ヘ　③チ

①　老齢厚生年金は、現在、支給開始年齢の引き上げが進行中である。男性の場合、1953年４月１日生まれの人までは60歳から「報酬比例部分」が支給されていたが、1953年４月２日以降生まれの人は、３年ごとに１歳ずつ支給開始年齢が引き上げられて、1961年４月２日以降生まれの人からは、65歳から老齢厚生年金（報酬比例部分）が支給される。設問のＡさんは、1960年10月生まれなので、64歳から報酬比例部分が支給される。

②③厚生年金保険の被保険者期間が20年（240月）以上ある人などが、定額部分や老齢基礎年金の支給開始年齢に達した時点（1949年４月２日以降生まれの人は65歳）で、その人に生計を維持されている前年の年収が850万円未満（または所得が655万5,000円未満）で65歳未満の配偶者（加入期間20年以上の老齢厚生年金等を受給している間は支給停止）がいる場合、老齢厚生年金に「加給年金額」が加算される。配偶者が65歳になると、加給年金額の支給は打ち切られるが、このとき配偶者が老齢基礎年金を受けられる場合には、一定の基準により配偶者の老齢基礎年金に「振替加算」（設問の□□□部分）が加算される。なお、振替加算の加算対象者は1966年４月１日以降生まれまでの人である。

【問題７】　正解　1,191,105円

老齢厚生年金の報酬比例部分の額は、2003年４月より総報酬制が導入されたことにより、次のようにして計算する。

報酬比例部分の額＝①＋②

①2003年３月以前の期間分

平均標準報酬月額（注１）×7.125／1,000×2003年３月までの被保険者期間の月数（注２）

②2003年４月以後の期間分

平均標準報酬額（注３）×5.481／1,000×2003年４月以後の被保険者期間の月数（注４）

（注１）Ａさんの場合、設例より360,000円

（注２）Ａさんの場合、設例より240月

（注３）平均標準報酬額とは、2003年４月以後の再評価された後の標準報酬月額と標準賞与額の総額を2003年４月以後の被保険者期間の月数で割って算出したもの。Ａさんの場合、設例より500,000円

（注４）Ａさんの場合、設例より210月

Ａさんの報酬比例部分の額は、次のようになる。

$$360{,}000\text{円}\times\frac{7.125}{1{,}000}\times240\text{月}+500{,}000\text{円}\times\frac{5.481}{1{,}000}\times210\text{月}=1{,}191{,}105\text{円}$$

【問題８】　正解　①　816,000円
②　1,057,594円
③　480円
④　1,058,074円

①老齢基礎年金の年金額（新規裁定者の場合）

老齢基礎年金は、20歳から60歳になるまでの40年間（480月）の保険料をすべて納めると、満額の老齢基礎年金を受け取ることができる。

Ａさんが、60歳でＸ社を定年退職し、その後再就職をせず、また、継続雇用制度も利用しない場合の65歳からの老齢基礎年金と老齢厚生年金の年金額を求める問題である。設例により、20歳から60歳になるまでの40年間（480月）の保険料は、すべて納付済みである。

なお、Ａさんの厚生年金保険の被保険者期間は、504月であるが、20歳未満や60歳以上の被保険者期間は、老齢基礎年金の年金額の計算に反映されない。

○老齢基礎年金の計算式（４分の１免除月数、４分の３免除月数は無し）

Ａさんの老齢基礎年金の額＝816,000円×480月／480月＝816,000円

②報酬比例部分の額

老齢厚生年金の年金額（報酬比例部分）の計算は、過去の報酬等に応じて計算する。報酬比例部分の額を計算する場合、2003年３月以前の加入期間と2003年４月以後の加入期間分をそれぞれ計算し、合算する。

○老齢厚生年金の計算式（本来水準の額）

報酬比例部分の額＝（ａ）＋（ｂ）（円未満四捨五入）

（ａ）2003年３月以前の期間分

平均標準報酬月額280,000円×7.125／1,000×2003年３月以前の被保険者期間の月数240月＝478,800円

（ｂ）2003年４月以後の期間分

平均標準報酬額400,000円×5.481／1,000×2003年４月以後の被保険者期間の月数264月＝578,793.6円

（ａ）＋（ｂ）＝478,800円＋578,793.6円＝1,057,594円（円未満四捨五入）

③経過的加算額

老齢基礎年金の年金額を計算する際、20歳前と60歳以後の厚生年金被保険者期間が反映されていないため、これを補うために経過的加算額が上乗せされる。

$$経過的加算額（円未満四捨五入）＝1{,}701円 \times 被保険者期間の月数480月 - 816{,}000円 \times \frac{1961年4月以後で20歳以上60歳未満の厚生年金保険の被保険者期間の月数480月}{480} = \underline{480}円$$

④加給年金額

加給年金額については、厚生年金保険の被保険者期間が20年以上ある人が、特別支給の老齢厚生年金（定額部分の支給開始年齢以降であること）や65歳以後の老齢厚生年金を受けられるようになったとき、その人に生計を維持されている次の配偶者または子がいるときに加算される。

●加給年金額加算対象者

加算対象者	年齢制限
配偶者	65歳未満の配偶者 （大正15年４月１日以前生まれの配偶者には年齢制限なし）
子	18歳到達年度の末日までの間の子 または１級・２級の障害の状態にある20歳未満の子

Ａさんには、該当する配偶者がおらず、また、長女Ｃさんも子の要件に該当しないため、加給年金額の加算対象者はいない。

したがって、老齢厚生年金の年金額＝報酬比例部分の額1,057,594（円）＋③経過的加算額480（円）＝<u>1,058,074</u>（円）となる。

【問題９】　正解　105,000円

在職老齢年金の支給停止額は「(410,000円＋120,000円－500,000円）×１／２＝15,000円」である。よって在職老齢年金の支給額（月額）は、「120,000円－15,000円＝105,000円」である。仮に賞与が支給されている場合、総報酬月額相当額は「その月の標準報酬月額＋その月以前１年間の標準賞与額÷12ヵ月」により求める。

【問題10】 正解 ①ロ ②チ ③ホ ④ヌ

●遺族年金受給のイメージ

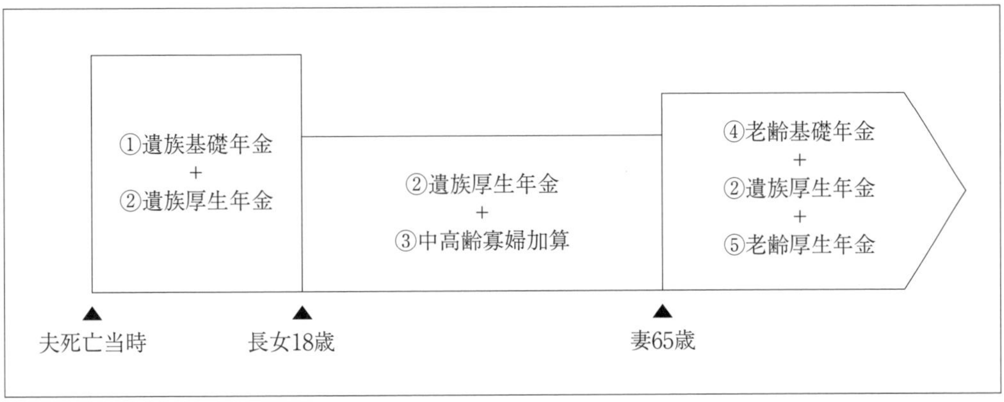

●図表解説

①遺族基礎年金は、老齢基礎年金の満額（816,000円＝2024年度価額）に相当する基本額と、子どもの数による加算（子ども１人目・２人目は１人につき234,800円、３人目以降は１人につき78,300円が加算される）で、年金額が決まる。

Ａさん死亡時の遺族基礎年金の額は、遺族基礎年金816,000円＋子の加算額234,800円×１人分＝1,050,800円となる。

②遺族厚生年金は、夫の老齢厚生年金の報酬比例部分の４分の３に相当する金額。報酬比例部分の額を計算する際、被保険者期間が300月未満の場合は300月とみなして計算する。

③長女Ｃさんが18歳到達年度の末日を迎えた時点で、遺族基礎年金の支給が打ち切られる。

その代わり、中高齢寡婦加算といい、子どもが18歳到達年度の末日を過ぎた時点で、妻が40歳以上であれば、40歳から65歳になるまでの間、加算される。ただし、遺族基礎年金を受給している間は、支給停止される。

なお、65歳以降、1956年４月１日以前生まれの妻には、中高齢寡婦加算に代えて、経過的寡婦加算（生年月日に応じた額）が加算される。

④65歳から妻自身の老齢基礎年金の支給が開始される。

⑤65歳以降、老齢年金と遺族年金が併給される。妻の老齢厚生年金が優先して支給され、老齢厚生年金の額が夫の遺族厚生年金の額を下回るときは、遺族厚生年金の額と老齢厚生年金の額との差額が遺族厚生年金として支給される。

なお、中高齢寡婦加算は、妻が65歳になると自分の老齢基礎年金が受けられるようになるため、消滅する。

⑥一定の所得基準以下にある遺族基礎年金の受給者には、月額5,310円（2024年度価額）額が遺族年金生活者支援給付金として支給される。

○遺族年金生活者支援給付金の支給要件は、次の両方を満たしていること。

・遺族基礎年金の受給者であること

・前年の所得額が「4,721,000円＋扶養親族の数×38万円」以下であること

○Ｂさんが受給できるとすると、その給付額は、月額5,310円（2024年度価額）で、年額にする

と63,720円となる。２人以上の子が遺族基礎年金を受給している場合は、5,310円を子の数で割った金額がそれぞれに支給される。

【問題11】 正解 435,917円

遺族厚生年金の年金額（本来水準の額）＝（ⓐ61,560円＋ⓑ451,853.64円）×$\frac{300月}{265月}$×３／４≒435,917円（円未満は四捨五入）

ⓐ2003年３月以前の期間分

平均標準報酬月額 240,000円×$\frac{7.125}{1,000}$×2003年３月以前の被保険者期間の月数 36月＝61,560円

ⓑ2003年４月以後の期間分

平均標準報酬額 360,000円×$\frac{5.481}{1,000}$×2003年４月以後の被保険者期間の月数 229月＝451,853.64円

遺族厚生年金の支給要件は、次の（ａ）～（ｅ）のいずれかを満たさなければならない。

（ａ）厚生年金保険の被保険者である間に死亡したとき

（ｂ）厚生年金保険の被保険者期間に初診日がある傷病が原因で、初診日から５年以内に死亡したとき

（ｃ）１級・２級の障害厚生（共済）年金を受け取っている者が死亡したとき

（ｄ）老齢厚生年金の受給権者であった方が死亡したとき

（ｅ）老齢厚生年金の受給資格を満たした方（まだ支給開始年齢に達していない）が死亡したとき

遺族厚生年金の額は、死亡した人の報酬比例部分の年金額の４分の３に相当する額であるが、上記（ａ）・（ｂ）・（ｃ）に該当するケースでは、被保険者期間が300月（25年）未満の場合、300月とみなして計算する（上記算式のⓐ、ⓑの額にそれぞれ「300月／被保険者期間の総月数」を乗じる）。

平均標準報酬月額とは、2003年３月までの被保険者期間の計算の基礎となる各月の標準報酬月額の総額を、2003年３月までの被保険者期間の月数で除して得た額をいう。

平均標準報酬額とは、2003年４月以後の被保険者期間の計算の基礎となる各月の標準報酬月額と標準賞与額の総額を、2003年４月以後の被保険者期間の月数で除して得た額（賞与を含めた平均月収）をいう。

【問題12】 正解 ①× ②× ③×

①「仮に、妻Ｂさんが現時点で死亡した場合、妻Ｂさんは国民年金の第３号被保険者に該当するため、Ａさんは、遺族基礎年金を受給することができません」

下線部分が誤り。2014年４月１日の改正により、遺族基礎年金は、「子のある配偶者」または「子」が受給できると見直された。改正前は、遺族基礎年金が受給できるのは「子のある妻」または「子」と定められていた。

遺族基礎年金の支給要件である「国民年金の被保険者である間に死亡」し、「死亡日の前日において、死亡日が含まれる月の前々月までの直近１年間に保険料の未納期間がない（2026年３月末日までに65歳未満の人が死亡した場合）」、生計維持されていた（※１）「子（※２）の

ある配偶者」または「子（※２）」に該当していれば、遺族基礎年金を受給できる可能性がある。

（※１）「生計維持されていた」とは、原則次の①と②の要件を満たす場合をいう。

①同居していること（別居中でも、仕送りをしている、健康保険の扶養親族である等であれば認められる）

②加給年金額等対象者について、前年の収入が850万円未満であること。または所得が655万5,000円未満であること

（※２）公的年金制度上の「子」とは、次のいずれかであること

・18歳到達年度の末日までの間の子で婚姻していないこと

・１級または２級の障害の状態にある20歳未満の子で婚姻していないこと

②「仮に、Ａさんの障害の程度が国民年金法に規定される障害等級１級と認定され、障害基礎年金を受給することになった場合、その障害基礎年金の額（2024年度価額）は、『816,000円×1.2＋234,800円（子の加算額）』の算式により算出されます」

下線部分が誤り。正しくは1.25。障害基礎年金（2024年度価額）の額は、次のとおりとなっている。

○障害基礎年金１級

1,020,000円（障害基礎年金２級の額×1.25＋子の加算額）

○障害基礎年金２級

816,000円＋子の加算額

○子の加算額

第１子および第２子：各234,800円　第３子以降：各78,300円

③「仮に、Ａさんの障害の程度が厚生年金保険法に規定される障害等級３級と認定され、障害厚生年金を受給することになった場合、その障害厚生年金の額に配偶者の加給年金額が加算されます」

下線部分が誤り。障害厚生年金において配偶者の加給年金額の加算があるのは、障害等級１級または２級のみであり、障害等級３級には、配偶者の加給年金額は加算されない。

【問題13】　正解　1,610,185円

１．報酬比例部分の額

①$360{,}000円 \times \frac{7.125}{1{,}000} \times 180月 = 461{,}700円$

②$500{,}000円 \times \frac{5.481}{1{,}000} \times 270月 = 739{,}935円$

①＋②＝1,201,635円

２．経過的加算額

Ａさんの場合、1961年４月以後で20歳以上60歳未満の厚生年金保険の被保険者期間は450月、可能加入年数は40年であるので、

$$1{,}701円 \times 450月 - 816{,}000円 \times \frac{450月}{40年 \times 12} = 450円$$（円未満四捨五入）

3．基本年金額

1,201,635円＋450円＝1,202,085円

4．加給年金額

Ａさんの場合、要件を満たすので、加給年金額（408,100円）が加算される。

5．老齢厚生年金の年金額

1,202,085円＋408,100円＝1,610,185円

【問題14】　正解　①ハ　②ホ　③ト

①老齢厚生年金は65歳からの受給が原則であるが、男性の場合、1961年４月１日以前生まれの人は65歳前から特別支給の老齢厚生年金を受給することができる。特別支給の老齢厚生年金の支給内容や支給開始年齢は、生年月日に応じて異なるが、1949年４月２日～1953年４月１日生まれは60歳から報酬比例部分のみの支給、1953年４月２日以後生まれは３年ごとに１歳ずつ支給開始年齢が引き上げられる、などのポイントを覚えておきたい。男性の場合、1961年４月２日生まれの人からは特別支給老齢厚生年金はなくなり、Ａさんは、1964年10月８日生まれなので、特別支給の老齢厚生年金（報酬比例部分）は受給できない。

②③特別支給の老齢厚生年金を受給できる人が厚生年金保険の被保険者として勤務する場合、特別支給の老齢厚生年金は、「総報酬月額相当額」（標準報酬月額とその月以前１年間に受けた標準賞与額を12等分した額との合計額）との間で調整が行われる。いわゆる在職老齢年金と言われるもので、年金額の一部または全部が支給停止となる場合がある。

【問題15】　正解　①×　②○　③×　④×

①不適切。雇用保険の基本手当の所定給付日数は、Ａさんのように、定年退職で被保険者期間が20年以上の場合、150日である。

②適切。退職した後に、それまで加入していた健康保険に任意継続被保険者として加入する場合、原則として退職日の翌日から20日以内に手続きを行う必要がある。

③不適切。国民年金の第３号被保険者は、第２号被保険者（厚生年金保険被保険者・共済組合組合員）に扶養される20歳以上60歳未満の人である。よって、妻Ｂさんは60歳になった時点で第３号被保険者ではなくなる。妻ＢさんはＡさんと２歳違いなのでＡさんが62歳のときに第３号被保険者でなくなるということである。

④不適切。Ａさんは、基本手当の受給期間内に、親の介護等の理由で引き続き30日以上職業に就くことができない場合、所定の申出により、受給期間を最長、離職日の翌日から４年以内（原則１年＋３年）まで延長することができる。

【問題16】　正解　①×　②○　③○

①不適切。国内上場株式の売買注文の方法には、一般に、指値注文と成行注文がある。指値注文とは、買う、もしくは売る値段を指定して注文する方法で、成行注文とは値段を指定しない注文方法である。成行注文は指値注文に優先するため、売買が成立しやすくなるが、想定していた価格と異なる価格で売買が成立する可能性があるので留意する必要がある。

②適切。特定口座は、各金融商品取引業者等に１つずつ開設できるので、現在開設している特定口座のほかに、投資目的等に応じて、新たに他の金融商品取引業者等に特定口座を開設して株式の売買に利用することもできる。

③適切。上場株式の譲渡損失については、申告分離課税を選択した上場株式等に係る配当所得との通算や翌年以降への繰越控除などが可能である。なお、参考までに、上場株式の配当所得について説明すると、上場株式の配当（配当所得）については、①総合課税、②申告分離課税、③申告不要のいずれかを選択することができる。所得税の税額控除である配当控除の適用を受ける場合は、総合課税を選択する必要があり、申告分離課税や申告不要の場合、配当控除の適用はない。また、申告分離課税を選択した場合は、上場株式等の譲渡損失等と損益通算できるが、総合課税や申告不要を選択した場合は、損益通算はできない。

〈上場株式の配当所得の取扱い〉

	総合課税	申告分離課税	申告不要
配当控除	○	×	×
上場株式等の譲渡損失との損益通算	×	○	×

【問題17】　正解　①2.2倍　②14.4%　③1.3%　④31.1%

X社とY社の株式の投資指標を計算すると、次のようになる。

投資指標	X社株式	Y社株式
PBR $=\frac{株価}{1株当たり純資産}$	1株当たり純資産： 900億円÷２億株＝450円 $\frac{1,000円}{450円}=\underline{2.2倍}$	1株当たり純資産： 450億円÷２億株＝225円 $\frac{520円}{225円}=2.3倍$
ROE $=\frac{当期純利益}{純資産}\times100$	$\frac{130億円}{900億円}\times100=\underline{14.4\%}$	$\frac{45億円}{450億円}\times100=10.0\%$
配当利回り $=\frac{1株当たり年配当金額}{株価}\times100$	$\frac{14円}{1,000円}\times100=1.4\%$	$\frac{7円}{520円}\times100=\underline{1.3\%}$
配当性向 $=\frac{年配当金額}{当期純利益}\times100$	$\frac{14円\times2億株}{130億円}\times100=21.5\%$	$\frac{7円\times2億株}{45億円}\times100=\underline{31.1\%}$

【問題18】　正解　40,630円

＊上場株式等の譲渡所得については、所得税（復興特別所得税を含む）15.315%、住民税５%の税率が適用される。

＊特定口座の源泉徴収選択口座を利用した場合、証券会社が特定口座内で所得計算を行い、源泉徴収する。

＊設問の場合、源泉徴収される所得税（復興特別所得税を含む）および住民税の合計額は、次のようになる。

・売却代金（約定代金）：1,200円×1,000株＝1,200,000円

・譲渡所得の金額：1,200,000円－(1,000円×1,000株)＝200,000円
・所得税（復興特別所得税を含む）および住民税の合計額：
所得税（復興特別所得税を含む） 200,000円×15.315％＝30,630円
住民税 200,000円×５％＝10,000円
合計額 30,630円＋10,000円＝40,630円

【問題19】 正解 ①金利リスク ②格付け ③低く

①一般の債券については、金利変動により債券価格が変動する。これを「価格変動リスク」または「金利リスク」と呼ぶ。

②債券の発行体が破綻などにより、債券の元利金が支払われないことを「信用リスク」または「デフォルトリスク」と呼ぶが、そのリスクを見る場合、「格付け」情報が重要となる。

③一般に格付けが低い債券ほど利回りは高くなり、逆に格付けが高い債券ほど利回りは「低く」なる。

【問題20】 正解 ①1.76％ ②3.22％

①所有期間利回り

$$\frac{2.0+\dfrac{99.00-99.50}{2}}{99.5}\times 100=1.758\cdots\%\fallingdotseq 1.76\%$$

②最終利回り

$$\frac{3.5+\dfrac{100.00-101.00}{4}}{101.00}\times 100=3.217\cdots\%\fallingdotseq 3.22\%$$

【問題21】 正解 ①× ②× ③×

①不適切。Y社債は固定利付債なので、市場金利が上昇してもクーポンレートは固定である。

②不適切。X国債は固定利付債なので、市場金利が上昇した場合、債券価格は下落し、最終利回りは上昇する。

③不適切。市場金利の変動は債券の価格に影響はするが、信用リスクへの影響は直接的にはない。

【問題22】 正解 ①○ ②× ③×

①適切。記述のとおりである。

②不適切。信託財産留保額は、投資信託を換金等した受益者と引き続き保有する受益者との公平性を確保するためのものであるが、信託財産留保額を設けない投資信託もある。

③不適切。投資信託は、解約が多く発生して資産規模が小さくなり過ぎると運用が難しくなるため、繰上償還されることがある。いつでも自由に売買でき信託期間が決まっていない追加型投資信託でも、繰上償還によって運用を終了させることがある。

【問題23】 正解 ①○ ②× ③○

①適切。投資信託のパフォーマンス評価を行う場合、リターンのみからパフォーマンスの良し悪しを測るのではなく、リスクに見合ったリターンを得られたかどうかを判定する方法が多く用いら

れる。この場合、リターンのうち無リスク資産（安全資産）を上回った部分（超過収益率）を、そのファンドの標準偏差（リスク＝リターンのぶれの大きさ）で除したものが「シャープ・レシオ（シャープの測度）」である。リスクを取ったことによって、無リスク資産（安全資産）のリターンをいかに効率よく上回ったかを表す数値で、この値が大きいほど優れたパフォーマンスであったと評価される。シャープ・レシオは「(ファンドの収益率－無リスク資産利子率）÷ファンドの標準偏差」で計算する。

X投資信託のシャープ・レシオ：(８％－１％)÷14％＝0.5

②不適切。収益分配金に対する課税は、普通分配金については所得税（復興特別所得税は考慮しない）および住民税合計で20％の税率で課税されるが、元本払戻金（特別分配金）は元本の払い戻しに当たるため、非課税である。

③適切。中途換金ではなく、償還金を受ける場合には、信託財産留保額を負担する必要がない。

【問題24】　正解　所得税　106,380円　　住民税　35,460円

・解約価額（１万口当たり）

12,000円－12,000円×0.3％(信託財産留保額)＝11,964円

・個別元本の額（１万口当たり）

10,000円－400円(元本払戻金〈特別分配金〉)＝9,600円

・譲渡所得の金額

(11,964円－9,600円)×3,000,000口÷10,000口＝709,200円

・譲渡所得に対する税額

所得税 709,200円×15％＝106,380円

住民税 709,200円×５％＝35,460円

【問題25】　正解　①ロ　②ニ　③チ

資料より、X投資信託のAさん購入後２年間の決算実績（１万口当たり）は、次のようになっている。

	購入時	１回目の決算	２回目の決算
基準価額	10,100円	10,400円（分配後）	10,000円（分配後）
Aさんの個別元本の額	10,100円	10,100円（分配後）	10,000円（分配後）
分配金の額	—	300円	300円

「基準価額」とは、投資信託が組み入れているすべての資産を時価評価したものから諸経費を引いた金額（純資産総額）を、１単位口数当たりに換算したもので、いわば投資信託の値段である。

「個別元本」とは、受益者（Aさん）が投資信託を購入した時の基準価額で、収益分配金の税金計算を行うときの税法上の元本をいう。受益者が同一の投資信託を複数回購入した場合や元本払戻金（特別分配金）を受け取った場合などには、その都度、個別元本が修正される。

「分配金」は、運用して得た収益を、保有口数に応じて投資家に分配するもので、投資信託の決算が行われる際に支払われる。分配金には課税される「普通分配金」と課税されない「元本払戻金(特別分配金)」がある。課税されるかどうかは、決算日の基準価額が個別元本を上回るか下回るか

で判断される。個別元本は個人ごとに異なるため、課税されるかどうかも個人ごとに異なる。

①「決算日の基準価額≧個別元本」の場合、分配金全額が普通分配金になる。したがって、X投資信託の１回目の決算における分配金300円は、全額が普通分配金に該当し、Ａさんの個別元本は購入時の10,100円のままである。

「決算日の基準価額＜個別元本」の場合、その差額が元本払戻金（特別分配金）となり、分配金から元本払戻金（特別分配金）を引いた部分が普通分配金になる。２回目の決算における分配金300円のうち、「10,100円－10,000＝100円」が元本払戻金（特別分配金）で、「300円－100円＝200円」が普通分配金である。

〈２回目の決算〉

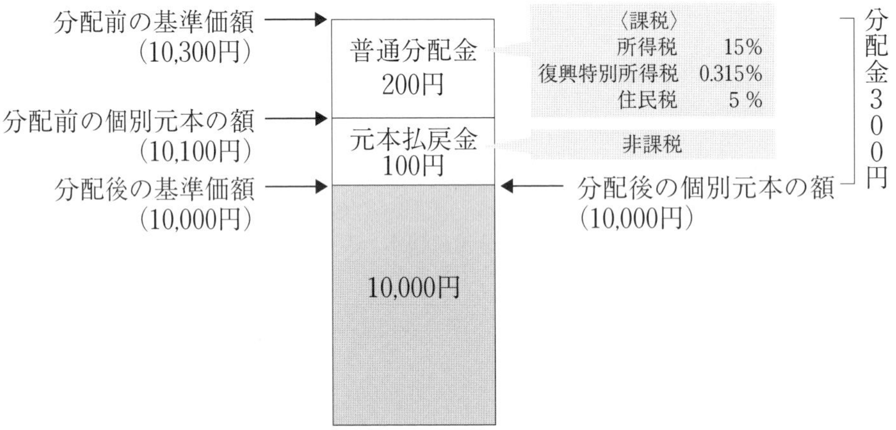

②③株式投資信託の普通分配金による所得は「配当所得」（公社債投資信託の収益分配金は「利子所得」）とされ、分配時には、税率20.315％（所得税15％、復興特別所得税0.315％、住民税５％）で源泉徴収が行われる。

【問題26】　正解　①○　②○　③×

①適切。金利が上昇すると、債券の価格は下落するので、Ｍさんの説明は適切である。

②適切。為替ヘッジを行った場合、為替ヘッジを行わない場合と比較して、円高による為替差損を抑えることができるので、Ｍさんの説明は適切である。

③不適切。託財産留保額とは、投資信託の途中解約に伴う手数料で、その解約によって保有を続ける投資家が不公平にならないために設けられている。償還する時には、信託財産留保額は控除されない。

【問題27】　正解　3.18％

＊証券投資においては、将来の収益を予測することは不可能であるが、実現しそうなケースの確率を予測し、その起こりうる確率における予想収益率を加重平均することで、その投資対象の収益性を計測することが可能である。この加重平均値を「期待収益率」という。

＊証券Ａの期待収益率は、次の算式で求めることができる。

期待収益率＝R_1％×r_1＋R_2％×r_2＋…＋R_t％×r_t

R％：収益率、r：収益率がR％となる確率

＊ポートフォリオの期待収益率は、「証券Aの期待収益率×投資割合＋証券Bの期待収益率×投資割合」で求めることができる。

・X投資信託の期待収益率

3.0％×0.3＋10.0％×0.5＋（－10.0％）×0.2＝3.9％

・Y投資信託の期待収益率

（－6.0％）×0.3＋5.0％×0.5＋7.0％×0.2＝2.1％

・ポートフォリオの期待収益率

3.9％×0.6＋2.1％×0.4＝3.18％

【問題28】　正解　①ル　②ニ　③イ　④ト

①ファンドのパフォーマンス評価を行う場合、リターンのみからパフォーマンスの良し悪しを測るのではなく、リスクに見合ったリターンを得られたかどうかを判定する方法が多く用いられる。この場合、リターンのうち無リスク資産利子率（①）を上回った部分（超過収益率）を、そのファンドの標準偏差（リスク＝リターンのぶれの大きさ）で除したものが「シャープ・レシオ（シャープの測度）」である。リスクを取ったことによって、無リスク資産（安全資産）のリターンをいかに効率よく上回ったかを表す数値で、この値が大きいほど優れたパフォーマンスであったと評価される。

②③シャープ・レシオは「（ファンドの収益率－無リスク資産利子率）÷ファンドの標準偏差」で計算する。

X投資信託のシャープ・レシオ：（9％－1％）÷2％＝4.0（②）

Y投資信託のシャープ・レシオ：（15％－1％）÷5％＝2.8（③）

④X投資信託のシャープ・レシオの値のほうが大きいため、過去3年間の運用パフォーマンスは、X投資信託のほうが評価が高いということができる。

【問題29】　正解　74,500円

・購入代金

基準価額　　　　　購入時手数料

10,000円×（1＋　　3.30％　　）×500万口÷1万口＝5,165,000円

・解約代金

基準価額　　信託財産留保額

（10,500円－10,500円×0.2％）×500万口÷1万口＝5,239,500円

・譲渡所得

5,239,500円－5,165,000円＝74,500円

（注）譲渡所得に対する税率は、所得税15％（復興特別所得税を含むと15.315％）、住民税5％である。

【問題30】 正解 ①× ②× ③○

①不適切。NISA口座の成長投資枠の非課税投資枠は、毎年、新規投資額で240万円までで、未使用枠を翌年以降に繰越すことはできない。

②不適切。公社債投資信託、公社債ともNISA口座に受け入れることはできない。

③適切。NISA口座で生じた譲渡損失は、課税される他の口座（特定口座・一般口座）の収益との損益通算はできず、また損失の繰越控除もできない。

【問題31】 正解 ①× ②○ ③×

①不適切。外貨建てMMFは、いつでも解約でき、換金手数料や信託財産留保額は不要である。

②適切。外貨建てMMFは、運用実績に応じて毎日分配が行われ、毎月月末最終営業日にその月分の分配金（税引後）をまとめて再投資する１ヵ月複利の商品である。

③不適切。外貨建てMMFの売却益は、従来は非課税であったが、2016年より、上場株式等の譲渡所得と同様、20％（復興特別所得税を含むと20.315％）の申告分離課税の扱いとなった。

【問題32】 正解 9.21％

・預入時に必要な円貨の額

146.00円（TTS＝預入時の取引レート）×10,000米ドル＝1,460,000円

・満期時における米ドルベースでの元利金の額

10,000米ドル×（１＋５％×0.5年）＝10,250米ドル

・満期時における円ベースでの元利金の額（税金は考慮しない）

10,250米ドル×149.00円（TTB＝満期時の取引レート）＝1,527,250円

・円ベースでの運用利回り（単利による年換算）

$$\frac{(1{,}527{,}250\text{円}-1{,}460{,}000\text{円})\times 2}{1{,}460{,}000\text{円}}\times 100 \fallingdotseq 9.212\% \rightarrow 9.21\%$$

【問題33】 正解 ①× ②× ③○

①不適切。NISA口座は、１人１口座のみ開設可能で、2024年中に銀行と証券会社にそれぞれ１口座ずつ開設することはできない。ただし１年単位でNISA口座を開設する金融機関を変更することはできる。

②不適切。NISA口座は、新たに購入した上場株式や株式投資信託等が対象となるため、他の口座（特定口座や一般口座）で保有しているものをそのまま移管することはできない。

③適切。NISA口座で生じた譲渡損失は、課税される他の口座（特定口座や一般口座）の収益との損益通算はできず、また損失の繰越控除もできない。

【問題34】 正解 ①ロ ②ニ ③ト ④ル

ｉ）不動産所得、事業所得または山林所得（「ふ・じ・さん」と覚えるとよい）を生ずべき業務を行う者は、一定の要件を満たせば青色申告書を提出することができる。青色申告承認申請書の提出期限は、原則として、青色申告をしようとする年の「３月15日」まで（その年１月16日以後新たに業務を開始した場合、その業務を開始した日から「２ヵ月以内」）である。

ⅱ）青色申告者が受けられる税務上の特典として、青色申告特別控除、青色事業専従者給与の必要経費算入、純損失の繰戻還付、最長「３年間」の純損失の繰越控除などがある。①不動産所得または事業所得を生ずべき事業を営む青色申告者が、②その取引の内容を正規の簿記の原則により記帳し、③それに基づいて作成した貸借対照表等を添付した確定申告書を、この控除の適用を受ける金額を記載して法定提出期限内に提出、④確定申告手続きを電子申告、またはその年分の事業に係る仕訳帳および総勘定元帳について電子帳簿保存を行っている場合の青色申告特別控除の控除額は、最高「65万円」である。このうち④の要件を満たさない場合の青色申告特別控除の控除額は最高55万円に減少し、また、①～③の要件を満たさない場合は最高10万円となる。

【問題35】　正解　①×　②×　③○

①不適切。配偶者控除は、納税者本人の合計所得金額が1,000万円以下で、配偶者の合計所得金額が48万円以下（2020年～）の場合に、適用を受けられる。設例では、妻Ｂさんは、青色事業専従者ではなく、パートの給与収入として120万円を得ているとある。給与収入120万円の場合の給与所得の金額は「120万円－55万円（給与所得控除額）＝65万円」で、合計所得金額が48万円超なので、配偶者控除の適用は受けられない。なお、青色事業専従者給与をもらっている場合には、その金額の多寡に関係なく配偶者控除や配偶者特別控除の適用を受けることはできない。また、2018年から、控除を受ける納税者本人の合計所得金額が1,000万円を超える場合は、配偶者控除の適用は受けられない取扱いとなった。合計所得金額とは、純損失の繰越控除等前の総所得金額、特別控除前の分離課税の長（短）期譲渡所得の金額、株式等に係る譲渡所得等の金額、退職所得金額、山林所得金額などの合計額をいう。Ａさんは、総所得金額と退職所得金額を合計すると1,000万円を超えるので、この点からも配偶者控除は受けられない。

②不適切。所得税において、扶養控除の対象となるのは、①納税者と生計を一にしている親族（配偶者を除く）、②16歳以上、③合計所得金額が48万円以下（2020年～）などの要件を満たした場合で、控除額は年齢等に応じて、次のようになっている。

区　分		控除額
一般の控除対象扶養親族(16歳以上19歳未満、23歳以上70歳未満)		38万円
特定扶養親族(19歳以上23歳未満)		63万円
老人扶養親族(70歳以上)	同居老親等以外の者	48万円
	同居老親等（注）	58万円

（注）同居老親等とは、老人扶養親族のうち、納税者又はその配偶者の直系の尊属（父母・祖父母など）で、納税者又はその配偶者と常に同居している人をいう。

長男Ｃさんは21歳なので特定扶養親族に該当し控除額は63万円、長女Ｄさんは17歳なので一般の控除対象扶養親族に該当し控除額は38万円、２人合わせた控除額は101万円である。

③適切。退職金の支給を受ける際に「退職所得の受給に関する申告書」を提出している場合、所得税・住民税が源泉徴収されるので、原則として、その退職所得について所得税の確定申告は不要である。なお、給与所得から引ききれない所得控除などがある場合には、確定申告することによって還付を受けることができる。

【問題36】　正解　①3,400,000円 ②1,300,000円　③6,600,000円

Aさんの2024年分の各種所得の金額は、以下の表のとおりである。

各種所得	各種所得の金額
事業所得の金額	2,550,000円
給与所得の金額	給与収入の金額　給与所得控除額 4,800,000円　－1,400,000円　＝3,400,000円 （注）給与所得控除額： 4,800,000円×20％＋440,000円＝1,400,000円
一時所得の金額	解約返戻金額　正味払込保険料　特別控除 9,000,000円－ 7,200,000円 －500,000円＝1,300,000円
退職所得の金額	15,000,000円

退職所得は分離課税で、一時所得の金額はその２分の１が他の所得と合算される。したがって、Aさんの2024年分の総所得金額は、次のようになる。

事業所得　給与所得　一時所得

$$2{,}550{,}000円+3{,}400{,}000円+1{,}300{,}000円\times\frac{1}{2}=6{,}600{,}000円$$

【問題37】　正解　①○　②×　③○

①適切。所得税の基礎控除は、合計所得金額2,500万円以下の場合に適用を受けることができる。

②不適切。配偶者控除の適用を受けることができる控除対象配偶者とは、原則として、その年の12月31日の現況で、納税者と生計を一にする配偶者（青色事業専従者として給与の支払いを受けている者等を除く）のうち、その年分の合計所得金額が48万円以下である者とされている（2020年～）。また、2018年からは、この適用要件のほか、納税者本人の合計所得金額が1,000万円以下という要件も加わっている。控除額は、次のようになる。

＜配偶者控除額＞（　）内は老人控除対象配偶者（70歳以上）

納税者の所得	控除額
900万円以下	38万円（48万円）
950万円以下	26万円（32万円）
1,000万円以下	13万円（16万円）

設問のAさんの場合、Aさんの合計所得金額が900万円以下で、妻Bさんの合計所得金額は、80万円（給与収入）－55万円（給与所得控除額）＝25万円で、48万円以下なので、控除額38万円の配偶者控除の適用を受けることができる。

③適切。長女Cさんは、合計所得金額が48万円以下（給与収入20万円－給与所得控除額55万円＝０円）で年齢が22歳なので、特定扶養親族（19歳以上23歳未満）に該当し、扶養控除の控除額は63万円である。

【問題38】　正解　①ハ　②チ　③ヌ　④ト　⑤ニ

＊正解の通り。

＜住宅借入金等特別控除の主な適用要件＞

・新築または取得の日から「６ヵ月」以内に居住の用に供し、原則として適用を受ける各年の12月31日まで引き続いて住んでいること

・適用を受ける年分の合計所得金額が2,000万円以下であること
・新築または取得をした住宅の床面積が「50」㎡以上であり、床面積の「２分の１以上」の部分がもっぱら自己の居住の用に供するものであること。ただし、合計所得金額が1,000万円以下の者は、床面積「40」㎡以上「50」㎡未満のものも対象となる
・借入金等は、新築または取得のための一定の借入金等で、「10」年以上にわたり分割して返済する方法になっているものであること

【問題39】　正解　①6,370,000（円）②416,900（円）　③219,100（円）

<table>
<tr><td>（ａ）総所得金額：
給与所得の金額：8,300,000円－1,930,000円（注）＝6,370,000円
（注）給与所得控除額：8,300,000円×10％＋1,100,000＝1,930,000円</td><td>6,370,000円
（①）</td></tr>
<tr><td>（ｂ）所得控除の額の合計額：
設例で課税総所得金額が4,222,000円とあるので、逆算すると、
6,370,000円－4,222,000円＝2,148,000円</td><td>2,148,000円</td></tr>
<tr><td>（ｃ）課税総所得金額（ａ－ｂ）：設例より　4,222,000円</td><td>4,222,000円</td></tr>
<tr><td>（ｄ）算出税額（ｃに対する所得税額）：
4,222,000円×20％－427,500円＝416,900円</td><td>416,900円
（②）</td></tr>
<tr><td>（ｅ）税額控除（住宅借入金等特別控除）：
31,300,000円（年末残高）×0.7％（注）＝219,100円
（注）住宅ローン控除の控除額は「年末借入金残高（最高限度がある）×控除率」で計算されるが、2024年に入居した場合、次のようになる。
<table>
<tr><td colspan="2"></td><td>年末借入金残高
（最高限度）</td><td>控除率</td></tr>
<tr><td rowspan="4">新築
買取再販</td><td>認定住宅</td><td>4,500万円</td><td>0.7％</td></tr>
<tr><td>ZEH水準省エネ</td><td>3,500万円</td><td>0.7％</td></tr>
<tr><td>省エネ基準</td><td>０円</td><td>0.7％</td></tr>
<tr><td>一般</td><td>2,000万円</td><td>0.7％</td></tr>
<tr><td rowspan="2">中古住宅</td><td>認定住宅等</td><td>3,000万円</td><td>0.7％</td></tr>
<tr><td>一般</td><td>2,000万円</td><td>0.7％</td></tr>
</table>
・2024年以降、省エネ水準を満たしていない住宅（一般住宅）は住宅借入金等特別控除は適用されない（ただし、2023年までに建築確認を受けているか、登記簿上の建築日が2024年６月30日以前の場合は適用される。限度額2,000万円・控除期間10年）。設例の場合、取得した住宅は「ZEH水準省エネ住宅」に該当とあるので、3,500万円を限度に住宅借入金等特別控除を利用できる。
・特別特例取得の場合は、残高の最高限度4,000万円（認定住宅5,000万円）、控除率1.0％。ただし、設例に2024年４月に住宅を契約・取得したとあるため、Ａさんの場合は特別特例取得にはあたらない。</td><td>219,100円
（③）</td></tr>
<tr><td>（ｆ）差引所得税額（基準所得税額）（ｄ－ｅ）：
416,900円－219,100円＝197,800円</td><td>197,800円</td></tr>
<tr><td>（ｇ）復興特別所得税額：197,800円×2.1％＝4,153円（１円未満切り捨て）</td><td>4,153円</td></tr>
<tr><td>（ｈ）所得税及び復興特別所得税額：
197,800円＋4,153円＝201,953円</td><td>201,953円</td></tr>
<tr><td>（ｉ）所得税および復興特別所得税の源泉徴収税額</td><td>省略</td></tr>
<tr><td>（ｊ）所得税および復興特別所得税の申告納税額または還付税額</td><td>省略</td></tr>
</table>

【問題40】　正解　①ロ　②ト　③ニ

①配偶者控除の適用を受けることができる控除対象配偶者とは、原則として、その年の12月31日の現況で、納税者と生計を一にする配偶者（青色事業専従者として給与の支払を受けている者等を除く）のうち、その年分の合計所得金額が「48万円」以下である者とされている（2020年分より）。また、2018年より、納税者本人の合計所得金額が1,000万円以下という要件も加わった。Ａさんの場合、妻Ｂさんの合計所得金額は、110万円（給与収入）－55万円（給与所得控除額）＝55万円で、「48万円」を超えているため、Ａさんは、妻Ｂさんについて配偶者控除の適用を受けることはできない。

②妻Ｂさんの合計所得金額が48万円を超えても133万円未満の場合、Ａさんの合計所得金額が「1,000万円」以下であることなどの所定の要件を満たす場合、Ａさんは、妻Ｂさんについて配偶者特別控除の適用を受けることができる。配偶者特別控除の控除額は、次のようになる。

＜配偶者特別控除額＞（控除額は、納税者の所得と配偶者の所得に応じて決まる）

納税者の所得	控除額
900万円以下	３万円～38万円
950万円以下	２万円～26万円
1,000万円以下	１万円～13万円

③長男Ｃさんは、無収入で21歳なので、特定扶養親族（19歳以上23歳未満）に該当し、扶養控除の控除額は「63万円」である。

【問題41】　正解　①○　②×　③○

①適切。配当控除は税額控除で、配当所得の10％（ただし、課税総所得金額等が1,000万円を超える場合には、その超える部分は５％）を、その年分の所得税額から控除することができる。

②不適切。非上場の配当金に対しては20.42％の税率により所得税および復興特別所得税が源泉徴収されるが（住民税の天引きはない）、原則として確定申告の対象とされる。ただし、１回に支払を受ける金額が、10万円に配当計算期間の月数を乗じて、これを12で除して計算した金額以下である場合には、少額配当として、納税者の判断により確定申告をしなくてもよいこととされている。これを確定申告不要制度という。

＜参考＞配当金に対する課税

上場株式（大口株主を除く）	・所得税：15％（復興特別所得税を含むと15.315％）の源泉徴収 ・住民税：５％の特別徴収
	・総合課税、申告分離課税、確定申告不要のいずれかを選択
非上場株式	・所得税：20％（復興特別所得税を含むと20.42 ％）の源泉徴収
	・総合課税 ・少額配当のみ確定申告不要可

③適切。株式等の配当所得については、総合課税を選択した場合には配当控除の適用を受けることができるが、確定申告不要や申告分離課税を選択した場合には、配当控除の適用を受けることはできない。

【問題42】 正解 ①7,000,000（円） ②7,900,000（円） ③632,500（円） ④80,000（円）

	給与所得の金額： 9,000,000円－1,950,000円（注１）－50,000円（注２）＝7,000,000円	7,000,000円 （①）
	一時所得の金額（注３）： 8,000,000円－7,300,000円－500,000円（特別控除）＝200,000円	200,000円
	配当所得の金額（注４）：800,000円	800,000円
（ａ）	総所得金額： 7,000,000円＋200,000円×$\frac{1}{2}$＋800,000円＝7,900,000円	7,900,000円 （②）
（ｂ）	所得控除の額の合計額	2,600,000円
（ｃ）	課税総所得金額（ａ－ｂ）：7,900,000円－2,600,000円＝5,300,000円	5,300,000円
（ｄ）	算出税額（ｃに対する所得税額）： 5,300,000円×20％－427,500円＝632,500円	632,500円 （③）
（ｅ）	税額控除（配当控除）： 800,000円×10％（控除率）＝80,000円	80,000円 （④）
（ｆ）	差引所得税額（基準所得税額）（ｄ－ｅ）： 632,500円－80,000円＝552,500円	552,500円
（ｇ）	復興特別所得税額：552,500円×2.1％＝11,602円（１円未満切り捨て）	11,602円
（ｈ）	所得税及び復興特別所得税額： 552,500円＋11,602円＝564,102円	564,102円
（ｉ）	所得税および復興特別所得税の源泉徴収税額	省略
（ｊ）	所得税および復興特別所得税の申告納税額または還付税額	省略

（注１）給与所得控除額：年収が900万円（850万円超）なので1,950,000円
（注２）所得金額調整控除を考慮。（9,000,000円－8,500,000円）×10％＝50,000円
（注３）一時所得の金額の１／２が総所得金額に算入される。
（注４）配当所得の金額＝収入金額（源泉徴収される前の金額）－株式などを取得するための借入金の利子

【問題43】 正解 ①800（万円） ②70（万円） ③39（年） ④435（万円）

退職所得の金額は、原則として次のように計算する。

（退職収入金額－退職所得控除額）×１／２＝退職所得の金額（1,000円未満切捨て）

＜退職所得控除額の計算＞

勤続年数	退職所得控除額
20年以下	40万円×勤続年数（80万円に満たない場合は80万円）
20年超	800万円＋70万円×（勤続年数－20年）

（注）勤続年数は１年未満の端数がある場合、切り上げて１年とする。

Ａさんの退職金は3,000万円で、勤続年数が38年２ヵ月→39年なので、退職所得の金額は次のよ

うになる。

1．退職所得控除額：800万円＋70万円×（39年－20年）＝2,130万円

2．退職所得の金額：（3,000万円－2,130万円）×１／２＝435万円

【問題44】　正解　①×　②○　③×

①不適切。総所得金額の計算にあたって、不動産所得・事業所得・山林所得・譲渡所得（「ふ・じ・さん・じょう」などと覚えるとよい）の金額に損失がある場合、他の所得と損益通算することができる。ただし、一部例外があり、不動産所得の金額の損失のうち土地等を取得するために要した負債の利子に相当する部分やゴルフ会員権の譲渡損失などは損益通算の対象とならない。

したがって、Ａさんの2024年分の所得税の計算において、賃貸アパートの経営による不動産所得に係る損失の金額150万円のうち、損益通算の対象となるのは、150万円－15万円（土地等を取得するために要した負債の利子）＝135万円である。

②適切。Ａさんの2024年分の所得税の計算において、総所得金額から所得控除額を控除しきれなかった場合、控除しきれなかった所得控除額は、確定申告をすることによって、退職所得の金額から控除することができる。

③不適切。所得税の所得控除である社会保険料控除では、納税者が自己又は自己と生計を一にする配偶者やその他の親族の負担すべき社会保険料を支払った場合に、その支払った金額について所得控除を受けることができる。

したがって、妻Ｂさんが負担すべき国民年金の保険料をＣさんが支払った場合、その保険料はＣさんの所得の金額の計算上、社会保険料控除の対象とすることができる。

【問題45】　正解　①×　②○　③○

①不適切。所有権に関する仮登記は、権利部（甲区）に記載される。

②適切。用途地域が異なる敷地にまたがる場合は、過半の属する用途地域（設例の場合は、甲宅地＝第１種住居地域）の規定が適用される。

③適切。建蔽率・容積率が異なる地域にまたがる場合は、加重平均する。

【問題46】　正解　①140㎡　②340㎡

①（150㎡×60％）＋（100㎡×50％）＝140㎡

②甲区／乙区どちらも「指定容積率」と「前面幅員×４／10」で比較する。

甲区　「200％」と「４ｍ×４／10＝160％」　⇒小さい方160％×150㎡＝240㎡

乙区　「100％」と「４ｍ×４／10＝160％」　⇒小さい方100％×100㎡＝100㎡

240㎡＋100㎡＝340㎡

【問題47】　正解　4

1．適切。設問の場合、契約書に「売主は所有権移転の時期までに、抵当権の設定を抹消する旨」を記載する方が望ましい。

2．適切。売却物件が多額の借入金の担保になっている場合、残代金を充当しなければ売却物件に設定されている抵当権を抹消できないというケースもある。このような場合、残代金決済時に

残債務の完済・抵当権抹消登記を同時に行ったりする。

3．適切。売買の目的物に、契約内容と不適合な点があった場合、売主はその不適合について責任を負わなければならない。

4．不適切。改正後の民法では、買主が契約不適合を見つけた場合、その事実を知った時から1年以内にその不適合の事実を通知すれば、その後、売主に対して損害賠償の請求ができる。

【問題48】　正解　①○　②○　③×

①適切。不動産分野における法令上の制限からの出題では、2つの異なる地域にまたがる場合の問題がよく出題されている。次の3パターンを覚えておく。

用途地域が異なる地域にまたがる場合	過半の属する用途地域の用途制限に従う
建蔽率・容積率が異なる地域にまたがる場合	加重平均する
防火地域・準防火地域にまたがる場合	防火地域の規定に従う

②適切。一つの建築物が防火地域と準防火地域とにまたがる場合、防火地域の規定に従うが、防火地域では、建築物は規模によって耐火建築物または準耐火建築物とするのが原則である。

③不適切。防火地域では、建物は原則として鉄筋コンクリート造や鉄骨鉄筋コンクリート造などの耐火建築物としなければならないが、地階を含む階数が2以下で、かつ、延べ面積が100㎡以下の建築物は準耐火建築物とすることができる。

＜防火地域内の建築制限＞

<table>
<tr><th>延べ面積
階級
（地階を含む）</th><th>100㎡以下</th><th>100㎡超</th></tr>
<tr><td>3以上</td><td colspan="2">耐火建築物に限る</td></tr>
<tr><td>2</td><td rowspan="2">耐火建築物
または
準耐火建築物</td><td rowspan="2"></td></tr>
<tr><td>1</td></tr>
</table>

【問題49】　正解　①80%　②468㎡　③360%　④1,320㎡

1．最大建築面積

・甲土地：建築物の敷地が、特定行政庁の指定する角地の場合は、建蔽率（敷地面積に対する建築面積の割合）は10%緩和される。さらに、防火地域内で、耐火建築物を建築する場合は、建蔽率が10%緩和される。設例のように、建築物の敷地が防火地域の内外にわたっている場合で、建築物の全部が耐火建築物であるときは、すべてが防火地域内にあるものとして建蔽率が緩和され、指定建蔽率が80%の地域内で、かつ、防火地域内に耐火建築物を建築する場合、建蔽率の制限はない（100%）。したがって、

　　15m×20m×100%＝300㎡

・乙土地：甲土地と同様、角地の10%緩和と、防火地域内で耐火建築物を建築する場合の10%緩和により、合計20%緩和されるので、建蔽率は60%＋20%＝80%となる。したがって、

　　15m×14m×80%（①）＝168㎡

∴　300㎡＋168㎡＝468㎡（②）

2．最大延べ面積

幅員12m未満の道路に接する敷地では、(イ)「指定容積率」と（ロ)「前面道路幅員×６／10（住居系用途地域では４／10)」のいずれか低い方の容積率が適用される。また、敷地が２以上の道路に接面している場合でそれぞれの道路の幅員が異なる場合は、幅員が最大のもの（設例の場合、幅員６m）が前面道路となる。

(ア)容積率の判定

a．甲土地

・指定容積率：300％

・前面道路幅員による容積率の制限：

６（m）×６／10＝360％（③)

300％＜360％　∴300％

b．乙土地

・指定容積率：200％

・前面道路幅員による容積率の制限：

６（m）×４／10＝240％

200％＜240％　∴200％

(イ)最大延べ面積

・甲土地：15m×20m×300％＝900㎡

・乙土地：15m×14m×200％＝420㎡

∴900㎡＋420㎡＝1,320㎡（④)

【問題50】　正解　①×　②×　③○

①不適切。宅地建物取引業を営もうとする者は、宅地建物取引業法の規定により、国土交通大臣又は都道府県知事の免許を受けることが必要であるが、宅地建物取引業とは、次の行為を業として行うものをいう。

	売買	交換	貸借
自ら業として行う	○	○	×
代理を業として行う	○	○	○
媒介を業として行う	○	○	○

自ら戸建住宅を賃貸しようとする場合は、宅地建物取引業の免許は不要である。

②不適切。不動産の貸付が事業的規模でなくても、青色申告をすることができる。ただし、事業的規模の場合は青色申告特別控除が最高65万円であるのに対し、それ以外の場合には最高10万円の控除となるなど、事業的規模であるかどうかによって、取り扱いが異なる点がある。

③適切。固定資産税の納税義務者は、１月１日の固定資産（土地、家屋、償却資産）の所有者として、固定資産課税台帳に登録されている人である。

【問題51】　正解　①ハ　②ト　③ホ

＊正解の通りである。なお、不動産の譲渡所得の場合、譲渡の年の１月１日現在において、所有期間が５年以下なら短期譲渡、５年超なら長期譲渡となり、居住用財産で10年超なら軽減税率の特

例を受けることができる。それぞれの税率は次のとおり。

	課税譲渡所得金額	所得税	住民税
短期譲渡	−	30%（30.63%）	9％
長期譲渡	−	15%（15.315%）	5％
10年超所有の居住用財産の譲渡 （軽減税率）	6,000万円以下の部分 6,000万円超の部分	10%（10.21%） 15%（15.315%）	4％ 5％

（注）カッコ内は、復興特別所得税（基準所得税額×2.1%）を加算した税率。

【問題52】 正解 710,500円

＊課税長期譲渡所得金額

譲渡価額　概算取得費　譲渡費用　特別控除額

4,000万円−（200万円（注）＋300万円）−3,000万円 ＝500万円

（注）取得費が不明のときや実際の取得費が少額のときは、総収入金額の５％を概算取得費とすることができる。

概算取得費：4,000万円×５％＝200万円

＊所得税（復興特別所得税を含む）および住民税の合計額

500万円×14.21%（所得税・復興特別所得税・住民税合算）＝710,500円

【問題53】 正解 ①×　②○　③○

①不適切。専任媒介契約および専属専任媒介契約の有効期間は３ヵ月が上限とされており、これより長い期間を定めて契約した場合は、契約期間が３ヵ月とされる。当該契約が無効となるわけではない。

②適切。民法では、売買契約の目的物に隠れた瑕疵があった場合、売主に故意または過失がなくても、買主は瑕疵があることを知ったときから１年以内ならば売主に対し損害賠償または契約解除を請求することができるとしている。これを瑕疵担保責任というが、売主にかなり酷な取扱いであるため、売買契約において売主・買主双方が妥協点を見いだすべく工夫がされる。瑕疵担保責任を負わないとする旨の特約をすることも可能である。

③適切。抵当権に関する登記の登記事項は、登記記録の権利部乙区で確認することができる。

【問題54】 正解 ①イ　②ホ　③リ

＊正解の通り。「特定の居住用財産の買換えの場合の長期譲渡所得の課税の特例」とは、特定の居住用財産（マイホーム）を売って、代わりのマイホームに買い換えたときは、一定の要件のもと、譲渡益に対する課税を将来に繰り延べられるというものである。

【問題55】 正解 2,273,600円

＊設問のケースの場合、「居住用財産を譲渡した場合の3,000万円の特別控除の特例」および「居住用財産を譲渡した場合の長期譲渡所得の課税の特例（軽減税率の特例）」の適用を受けた場合における所得税（復興特別所得税を含む）および住民税の合計額は、次のようになる。

譲渡価額		概算取得費		譲渡費用		特別控除額		課税譲渡所得金額
5,000万円	－（	250万円（注）	＋	150万円）	－	3,000万円	＝	1,600万円

（注）概算取得費：5,000万円×５％＝250万円

1,600万円×14.21％（所得税・復興特別所得税・住民税合算）＝2,273,600円

【問題56】 正解 ①○ ②× ③×

①適切。登記識別情報は、その情報を紛失した際においても再通知はなされない。登記識別情報とは、登記が完了した際に登記所から買主等の登記名義人に通知される12桁の英数字の組合せからなる情報で、例えば登記記録上の登記名義人が登記義務者（売主）として所有権の移転の登記を申請する場合に、登記名義人本人からの申請であることを確認する資料として登記所に提出することとされている。ただし、登記識別情報を紛失しただけでは、登記記録上の権利には何らの影響もない。また、紛失した場合、通知された登記識別情報を失効させ、以後使用できなくすることが可能である。

②不適切。マンションの販売時にパンフレット等で表示された専有面積は、壁芯（へきしん）計算（壁の中央を基準に計算する方法）によって求めた面積である。これに対し、登記記録上の専有面積は、内法（うちのり）計算（壁や柱の内側を基準に計算する方法）による面積である。したがって、同じ住戸であっても、壁芯計算（パンフレット記載面積）よりも内法計算（登記記録上の面積）の面積の方が小さくなる。

③不適切。専有部分と共有部分の持分を分離して処分することは、原則としてできない。

【問題57】 正解 ①ロ ②ニ ③リ ④チ

不動産取得税は、不動産の取得者に課される都道府県税であり、その課税標準は、原則として固定資産税課税台帳に登録されている価格により決定される。

土地については、2027年３月31日までの取得については取得した不動産の価格に２分の１を乗じた額が不動産取得税の課税標準となる特例がある。

また、建物については、特例により独立的に区画された１戸ごとの価格から最大で1,200万円（認定長期優良住宅の場合は2026年３月31日まで1,300万円）を控除した額が不動産取得税の課税標準となる。

不動産取得税の標準税率は、本則においては４％であるが、2027年３月31日までの取得については特例により３％とされている。

【問題58】 正解 ①２／３ ②５％ ③90万円 ④182万円

１．Ａさんの持分に応じた金額明細

譲渡価額：9,000万円×２／３＝6,000万円

概算取得費：6,000万円×５％＝300万円

譲渡費用：（90万円＋270万円）×２／３＝240万円

２．特定の居住用財産の買換えの場合の長期譲渡所得の課税の特例

ａ．収入金額：6,000万円－買換え資産取得価額5,000万円＝1,000万円

b．取得費・譲渡費用

概算取得費　譲渡費用　　収入金額

$$（300万円 + 240万円）\times \frac{1{,}000万円}{6{,}000万円} = 90万円$$

譲渡価額

c．譲渡益

1,000万円－90万円＝910万円

d．所得税・住民税（復興特別所得税は考慮しない）

910万円×20％＝182万円

（注）軽減税率の特例（6,000万円以下の部分は14％）は利用できず、一般の長期譲渡の場合の税率20％（所得税15％＋住民税５％）を乗じる。

【問題59】　正解　①ロ　②ヘ　③チ　④ヲ

ｉ）Ａさんが作成していた公正証書遺言は、証人「２人」以上の立会いのもと、遺言者が遺言の趣旨を公証人に口授し、公証人がこれを筆記して作成されるものであり、作成された遺言書の原本は「公証役場」に保管される。この方式による遺言は、被相続人の相続開始後に検認の手続が不要である。検認とは、相続人に対し遺言の存在およびその内容を知らせるとともに、遺言書の形状、加除訂正の状態、日付、署名など検認の日現在における遺言書の内容を明確にして遺言書の偽造・変造を防止するための手続で、自筆証書遺言、秘密証書遺言の場合には検認が必要である。

ⅱ）相続人は自己のために相続の開始があったことを知った時から原則として「３ヵ月」以内に、その相続について単純承認、限定承認または放棄のいずれかを選択しなければならない。また、相続税の申告義務を有する者は、遺産が分割されたか否かにかかわらず、その相続の開始があったことを知った日の翌日から原則として「10ヵ月」以内に、相続税の申告書を納税地の所轄税務署長に提出しなければならない。

【問題60】　正解　①×　②○　③×

①不適切。相続、遺贈や相続時精算課税に係る贈与によって財産を取得した人が、被相続人の一親等の血族（代襲相続人となった孫を含む）および配偶者以外の人（例えば、兄弟姉妹、代襲相続人ではない孫など）である場合には、その人の相続税額にその相続税額の２割に相当する金額が加算される。なお、被相続人の養子は、一親等の法定血族なので２割加算の対象にならないが、被相続人の養子となっている孫は２割加算の対象になる。本問の場合、孫Ｆさんは２割加算の対象となるが、孫Ｅさん（代襲相続人）は２割加算の対象とならない。

②適切。被相続人の居住の用に供されていた宅地等を配偶者が相続した場合には「特定居住用宅地等」となり、その敷地（宅地）を相続税の申告期限までに売却した場合であっても、「小規模宅地等についての相続税の課税価格の計算の特例」（小規模宅地等の特例）の適用を受けることができる。なお、配偶者以外の親族が相続する場合には、当該敷地を相続税の申告期限まで保有しなければならないという要件がある。

〈小規模宅地等の特例〉

	減額対象面積	減額割合
特定居住用宅地等	330㎡	80%
特定事業用宅地等	400㎡	80%
貸付事業用宅地等	200㎡	50%

③不適切。「配偶者に対する相続税額の軽減」とは、配偶者が相続した財産が法定相続分相当額または１億6,000万円のどちらか多い金額までは、配偶者には相続税がかからないという制度である。配偶者の税額軽減は、配偶者が遺産分割などで実際に取得した財産を基に計算されるので、相続税の申告期限までに分割されていない財産は税額軽減の対象にならない。ただし、一定の申請をした上で申告期限から３年以内に分割したときは税額軽減の対象になる。また、相続税の申告期限から３年を経過する日までに分割できないやむを得ない事情があり、税務署長の承認を受けた場合で、その事情がなくなった日の翌日から４ヵ月以内に分割されたときも税額軽減の対象になる。

【問題61】　正解　①1,100万円　②250万円　③1,850万円

＊相続税の計算において、「相続税の総額」までは、誰がどのように相続するかにかかわらず、法定相続分通りに相続したものとみなして計算する。

・課税価格の合計額

本問では、金額が明らかではないが、課税遺産総額（課税価格の合計額－基礎控除額）１億2,000万円が明記されており、基礎控除額から逆算すると、１億7,400万円となる。

・遺産に係る基礎控除額

基礎控除額は、「3,000万円＋600万円×法定相続人の数」で計算される。なお、この法定相続人の数は、民法上の取扱いと異なって、（イ）相続放棄した人も放棄しなかったものとして取り扱う、（ロ）養子が複数いる場合、実子がいる場合は１人、実子がいない場合は２人までしかカウントできないという制限がある。

本問の場合、法定相続人の数は妻Ｂさん、長女Ｄさん、孫Ｅさん（長男Ｃさんの代襲相続人)、孫養子Ｆさんの４人なので、基礎控除額は次のようになる。

3,000万円＋600万円×４人＝5,400万円

・課税遺産総額

１億7,400万円－5,400万円＝１億2,000万円（この金額が設問上の前提条件として記載されている）

・相続税の総額

妻Ｂさんの相続税の総額の基となる税額

１億2,000万円×１／２＝6,000万円

6,000万円×30％－700万円＝1,100万円（①）

長女Ｄさんの相続税の総額の基となる税額

１億2,000万円×１／２×１／３＝2,000万円

2,000万円×15％－50万円＝250万円（②）

孫Ｅさん（長男Ｃさんの代襲相続人）の相続税の総額の基となる税額

長女Ｄさんと同じ＝250万円
孫養子Ｆさんの相続税の総額の基となる税額
長女Ｄさんと同じ＝250万円
相続税の総額
1,100万円＋250万円×３人＝1,850万円（③）

【問題62】 正解 ①ハ ②ホ ③チ
＊正解の通りである。

【問題63】 正解 ①× ②× ③○
①不適切。公正証書遺言書を作る場合には証人２人以上が必要だが、この証人には、（イ）未成年者、（ロ）推定相続人および受遺者ならびにこれらの配偶者及び直系血族、（ハ）公証人の配偶者、四親等内の親族、書記および使用人はなることができない（民法974条）。
②不適切。相続人各人の遺留分は「１／２（相続人が直系尊属のみの場合は１／３）×各人の法定相続分」である。設例の場合、民法上の相続人は妻Ｂさん、長男Ｄさん、養子Ｅさん、養子Ｆさんで、長男Ｄさんの法定相続分は１／２×１／３＝１／６である（相続税の計算の場合は養子の数の制限があるが、民法では養子は実子と同様に扱われる）。したがって、長男Ｄさんの遺留分は１／２×１／６＝１／12で、遺留分算定の基礎となる財産の価額を３億6,000万円とした場合、長男Ｄさんの遺留分は3,000万円である。
③適切。記述の通りである。

【問題64】 正解 ①4,800万円 ②1,700万円 ③600万円 ④2,900万円
＊相続税の計算において、「相続税の総額」までは、誰がどのように相続するかにかかわらず、法定相続分通りに相続したものとみなして計算する。
・課税価格の合計額
本問では、金額が明らかではないが、課税遺産総額（課税価格の合計額－基礎控除額）１億6,000万円が明記されており、基礎控除額から逆算すると、２億800万円となる。
・遺産に係る基礎控除額
基礎控除額は「3,000万円＋600万円×法定相続人の数」で計算されるが、この法定相続人の数は、民法上の取扱いと異なって、（イ）相続放棄した人も放棄しなかったものとして取り扱う、（ロ）養子が複数いる場合、実子がいる場合は１人、実子がいない場合は２人までしかカウントできないという制限がある。設例の場合、法定相続人の数は、妻Ｂさん、長男Ｄさん、養子Ｅさん・養子Ｆさんのうち１人の３人である。したがって、基礎控除額は、次のようになる。
3,000万円＋600万円×３人＝4,800万円（①）
・課税遺産総額
２億800万円－4,800万円＝１億6,000万円（この金額が設問上の前提条件として記載されている）
・相続税の総額
妻Ｂさんの相続税の総額の基となる税額
１億6,000万円×１／２＝8,000万円

8,000万円×30％－700万円＝1,700万円（②）

長男Ｄさんの相続税の総額の基となる税額

１億6,000万円×１／２×１／２＝4,000万円

4,000万円×20％－200万円＝600万円（③）

養子Ｅさん・養子Ｆさんのうち１人の相続税の総額の基となる税額

長男Ｄさんと同じ＝600万円

相続税の総額

1,700万円＋600万円×２人＝2,900万円（④）

【問題65】　正解　①4,800万円　②2,860万円　③3,330万円

＊相続税の計算において、「相続税の総額」までは、誰がどのように相続するかにかかわらず、法定相続分どおりに相続したものとみなして計算する。

・課税価格の合計額（２億円）

・遺産に係る基礎控除額

基礎控除額は「3,000万円＋600万円×法定相続人の数」で計算されるが、本問の場合、法定相続人は、妻Ｂさん、妹Ｄさん、姪Ｅさんの３人である。なお、兄弟姉妹が相続人の場合、甥・姪までは代襲相続人となることができる。したがって、本問の基礎控除額は、次のようになる。

3,000万円＋600万円×３人＝4,800万円（①）

・課税遺産総額

２億円－4,800万円＝１億5,200万円（この金額が設問上の前提条件として提示されている）

・相続税の総額

妻Ｂさんの相続税の総額の基となる税額

１億5,200万円×３／４＝１億1,400万円

１億1,400万円×40％－1,700万円＝2,860万円（②）

妹Ｄさん・姪Ｅさんそれぞれの相続税の総額の基となる税額

１億5,200万円×１／４×１／２＝1,900万円

1,900万円×15％－50万円＝235万円

相続税の総額

2,860万円＋235万円×２人＝3,330万円（③）

【問題66】　正解　①リ　②チ　③ハ

＊配偶者に対する相続税額の軽減額は、次のようにして計算される。

$$軽減額＝相続税の総額\times\frac{X}{課税価格の合計額}$$

Ｘの金額は、次のⅠ・Ⅱのいずれか低い金額

Ⅰ：ａ、ｂのいずれか高い金額

ａ：課税価格の合計額×配偶者の法定相続分

ｂ：１億6,000万円

Ⅱ：妻Ｂの相続税の課税価格

＊設問の場合は、次のようになる。

$$軽減額 = 3{,}330万円 \times \frac{X（1億6{,}000万円）}{2億円（①）} = 2{,}664万円（③）$$

Xの金額は、次のⅠ・Ⅱのいずれか低い金額→1億6,000万円

Ⅰ：a、bのいずれか高い金額→1億6,000万円

a：2億円（①）×3／4＝1億5,000万円

b：1億6,000万円（②）

Ⅱ：2億円

【問題67】　正解　①○　②○　③×

①適切。被相続人の居住の用に供されていた宅地を配偶者が相続した場合には、当該宅地を相続税の申告期限までに売却した場合であっても、「小規模宅地等についての相続税の課税価格の計算の特例」の適用を受けることができる。なお、親族が相続した場合には、相続開始から相続税の申告期限まで引き続きその宅地を有していることが要件である。

②適切。死亡保険金を受け取った場合、「500万円×法定相続人の数」の金額まで非課税となる特例があるが、この特例は、相続人に対して適用される。長男Cの配偶者は相続人ではないので、適用を受けられず、死亡保険金を長男Cさんの配偶者のみが受け取った場合、その死亡保険金の全額が相続税の課税対象となる。

③不適切。遺言書に記載された相続分の割合が、法定相続分に反する内容であっても、無効にはならない。なお、設問の場合、長女Dさんには遺留分として、1／2（全体の遺留分の割合）×1／4（Dさんの法定相続分）＝1／8の権利があるので、遺言の内容に不満がある場合は、遺留分侵害額請求をすることができる。

【問題68】　正解　5,160万円

＊配偶者が居住用の宅地を相続して、「小規模宅地等についての相続税の課税価格の計算の特例」の適用を受ける場合、その宅地は特定居住用宅地等に該当し、財産評価において330㎡までの部分について80％の評価減をすることができる。

＊したがって、設例の場合、この特例の適用による評価減後の自宅の家屋の敷地（宅地）の相続税評価額は、次のようになる。

・妻Bさんが取得したX宅地の相続税評価額

60万円×350㎡＝21,000万円

・適用対象面積

350㎡≧330㎡　∴330㎡

・減額される金額

60万円×330㎡×80％＝15,840万円

・Aさんに係る相続における相続税の課税価格に算入すべき価額

21,000万円－15,840万円＝5,160万円

【問題69】　正解　①ア　②オ　③ク

①贈与税の配偶者控除の適用を受けるためには、贈与の日において、贈与した配偶者との婚姻期間が20年以上であることが必要である。なお、相続時精算課税制度の場合、適用要件の一つとして、贈与者は60歳以上（住宅取得等資金の贈与を受けた場合は60歳未満も可）、受贈者は18歳以上という年齢制限があるが、この場合の年齢は、贈与のあった日の属する年の１月１日現在で判定する。

②贈与税の配偶者控除の額は、贈与税の基礎控除（110万円）の額とは別に、最高で2,000万円である。

③贈与財産が相続税の課税価格に加算される期間は、2023年までは相続開始前３年以内、それが2024年１月１日からは順次延長され、2031年１月１日以降の相続からは、相続開始前７年以内の贈与財産が加算される。この問題では、相続開始の後３年より前に被相続人から贈与された財産であるから、贈与時の価格で相続税の課税価格に加算されそうであるが、贈与税の配偶者控除の適用を受けた額は、加算の対象とならない。

【問題70】　正解　131万円

・贈与財産の価額

家屋（評価額1,000万円）と敷地（評価額１億円）のそれぞれ25％を贈与されたので、贈与財産の価額は次のようになる。

（1,000万円＋１億円）×25％＝2,750万円

・贈与税額

贈与財産の価額から、配偶者控除（2,000万円）と基礎控除（110万円）を控除した課税価格に対して、贈与税の速算表の税率（夫婦間の贈与なので、一般税率を適用）を乗じ控除額を差し引いて税額を計算する。

（2,750万円－2,000万円－110万円）×40％－125万円＝131万円

【問題71】　正解　78万円

＊相続時精算課税制度は、高齢者の保有する財産を次世代に円滑に移転させるために、生前贈与をしやすくするとともに、贈与税・相続税を通じた納税をする制度である。適用対象となるのは、60歳以上（住宅取得等資金の贈与の場合は60歳未満も可）から18歳以上の子に贈与した場合である。

＊相続時精算課税制度を選択した受贈者は、贈与者ごとに、１年間に贈与により取得した財産の価格の合計額から基礎控除（原則110万円）を控除し、特別控除（最高2,500万円）の適用がある場合はその金額を控除した残額に、20％の税率を乗じて贈与税額を算出する。

＊設例の長男Ｃさんの場合、父母からの贈与に対して、それぞれ特別控除額2,500万円が適用される。したがって、次のようになる。

・Ａさんからの贈与

（3,000万円－110万円－2,500万円）×20％＝78万円

・妻Ｂさんからの贈与

1,000万円－110万円－1,000万円（最高特別控除2,500万円）＝０円

・合計

78万円

〈参考〉暦年課税制度による贈与と相続時精算課税制度を比較すると、次のようになる。

	暦年課税制度	相続時精算課税制度
贈与者	制限なし	原則として60歳以上の父母、祖父母
受贈者	制限なし	18歳以上の子、孫（養子・代襲相続人を含む）
相続税の生前贈与加算の課税対象となる者	相続・遺贈財産の取得者	相続時精算課税制度を選択した者
相続税の課税対象となる贈与財産の範囲	相続開始前３～７年以内（注１）の贈与財産	本制度の選択に係る贈与財産すべて（注２）
相続税の課税対象となる贈与財産の価額	贈与時の時価	贈与時の時価
相続税における贈与税額の還付	なし	あり

（注１）贈与財産が相続税の課税対象に加算される期間は、2024年１月１日の贈与から順次延長され、2031年１月１日以後の相続からは、相続開始前７年以内の贈与財産が加算されることになる。

（注２）2024年１月１日から、2,500万円の非課税枠と別枠で毎年110万円の非課税枠が設けられたが、この場合、相続時に加算される財産の価額は、この基礎控除分を控除したあとの残額となる。

MEMO

MEMO

MEMO

書籍の正誤についてのお問い合わせ

内容について、万一誤りと思われる箇所がありましたら、以下の方法でご確認いただきますよう、お願い申し上げます。

なお、正誤のお問い合わせ以外の内容に関する解説・受検指導等は行っていません。そのようなお問い合わせにつきましては、お答え致しかねますので、ご了承ください。

❶ 正誤表の確認方法

当社ホームページのトップページから「正誤表」コーナーにアクセスいただき、正誤表をご確認ください。

https://www.kindai-sales.co.jp/

❷ 正誤のお問い合わせ方法

正誤表がない場合、あるいは正誤表があっても疑問の箇所が掲載されていない場合は、書名、発行年月日、お客様のお名前、ご連絡先を明記の上、下記のいずれかの方法でお問い合わせください。

なお、回答までに時間を要する場合もございますので、あらかじめご了承ください。

文書でのお問い合わせ	郵送先：〒165-0026　東京都中野区新井2-10-11 ヤシマ1804ビル4階 （株）近代セールス社 出版企画室 正誤問い合わせ係
FAXでのお問い合わせ	FAX番号：**03－6866－7593**
e-mailでのお問い合わせ	アドレス：book-k@kindai-sales.co.jp

＊お電話でのお問い合わせは、お受けできませんので、ご了承ください。

執筆協力者
（50音順、敬称略）

置鮎　謙治
佐藤　正明
田中　卓也
目黒　政明
望月　厚子
八ツ井慶子

2024年度版
FP技能検定２級試験対策マル秘ノート
〈実技・個人資産相談業務〉
～試験の達人がまとめた19項

2024年６月20日　初版

編　者――FP技能検定対策研究会
発行者――楠　真一郎
発　行――株式会社　近代セールス社
〒165-0026 東京都中野区新井2-10-11 ヤシマ1804ビル４階
電　話 (03)6866-7586
ＦＡＸ (03)6866-7596
https://www.kindai-sales.co.jp
印刷・製本―株式会社　アド・ティーエフ

乱丁・落丁本はおとりかえいたします
定価はカバーに表示してあります
ISBN　978-4-7650-2393-1

★覚えておきたい数値一覧★

●金　額●

38万円	・配偶者控除（納税者本人の所得が900万円以下の場合） ・扶養控除（16歳以上19歳未満、23歳以上70歳未満）など
48万円	所得税の基礎控除（合計所得2,400万円以下の場合）
48万円以下	配偶者控除、扶養控除の合計所得金額要件
50万円	一時所得の特別控除など
50万円超	年金と総報酬月額相当額の合計額が50万円を超えると、年金額の一部または全部が支給停止となる（在職老齢年金）
63万円	所得税の特定扶養親族（19歳以上23歳未満）の扶養控除
81万6,000円	老齢基礎年金の年金額（1956年４月２日以降生まれの人の2024年度の満額）。1956年４月１日以前生まれの人は81万3,700円
110万円	贈与税の基礎控除
240万円・120万円	新NISAの年間の非課税投資枠（成長投資枠240万円・つみたて投資枠120万円）
1,000万円	・大口定期預金の最低預入額 ・所得税の配偶者控除、配偶者特別控除は、納税者本人の合計所得額が1,000万円を超えると適用を受けることができない ・直系尊属から結婚・子育て資金の一括贈与を受けた場合の贈与税の非課税限度額
1,500万円	直系尊属から教育資金の一括贈与を受けた場合の贈与税の非課税限度額
1,800万円	新NISAの非課税保有限度額(生涯投資枠)。内枠で成長投資枠の限度額は1,200万円
2,000万円	・贈与税の配偶者控除 ・給与所得者が2,000万円を超える場合、確定申告が必要
2,500万円	相続時精算課税制度における贈与税の非課税枠（特別控除）
3,000万円	居住用財産を譲渡したときの特別控除

●幅・面積●

２m以上	建物を建築する敷地は、建築基準法上の道路に２m以上接していなければならない
４m以上	建築基準法上の道路は、原則幅員４m以上の道路
12m未満	道路幅員による容積率制限 { 住居系＝前面道路幅員×４／10 商業・工業系＝前面道路幅員×６／10
50㎡以上 （40㎡以上）	住宅借入金等特別控除を受けるための床面積要件。合計所得金額が1,000万円以下の者に限り、40㎡以上50㎡未満も対象となる。
200㎡	小規模宅地等の減額特例の対象面積（貸付事業用宅地の場合）。減額割合は50％
330㎡	小規模宅地等の減額特例の対象面積（特定居住用宅地の場合）。減額割合は80％
400㎡	小規模宅地等の減額特例の対象面積（特定事業用宅地の場合）。減額割合は80％

●税率その他の率●（〈　〉内は復興特別所得税を考慮した税率）

0.7%	住宅借入金等特別控除（住宅ローン控除）の控除率（特別特例取得を除く）
2.1%	復興特別所得税（基準所得税額の2.1%）
5％	土地建物の譲渡における概算取得費＝売却代金×５％
20%（15%＋５％） 〈20.315%〉	・預貯金等の利子等に対する源泉徴収税率（所得税15%＋住民税５％） ・土地建物の長期譲渡所得の税率（所得税15%＋住民税５％）
14%（10%＋４％） 〈14.21%〉	譲渡した年の１月１日現在で所有期間10年超のマイホームを譲渡したときの軽減税率 {6,000万円以下の部分＝所得税10%＋住民税４％ 6,000万円超の部分＝所得税15%＋住民税５％
39%（30%＋９％） 〈39.63%〉	土地建物の短期譲渡所得の税率（所得税30%＋住民税９％）
45%	所得税（超過累進税率）の最高税率
55%	相続税・贈与税（超過累進税率）の最高税率
70%	固定資産税評価額は、公示価格の70%水準
80%	・路線価は、公示価格の80%水準 ・小規模宅地等の減額特例での特定居住用・特定事業用宅地等の減額割合

●期間・年齢●

２ヵ月	個人が新たに業務を開始したときの青色申告承認申請書の届出期間
３ヵ月	相続にあたって限定承認、相続放棄をする期間（熟慮期間）
４ヵ月	所得税の納税義務者が死亡した場合の準確定申告の期限
10ヵ月	相続税の申告期限
５年	・土地建物を譲渡したとき、１月１日現在で所有期間５年以下＝短期譲渡、５年超＝長期譲渡 ・総合課税となる譲渡所得の場合、取得の日から譲渡の日までの所有期間が５年以下＝短期譲渡、５年超＝長期譲渡
10年	居住用財産の買換え特例は、 譲渡した年の１月１日現在で10年超保有し、10年以上居住していることが要件
20年以上	贈与税の配偶者控除は婚姻期間20年以上が要件
10年以上50年未満	事業用定期借地権等の契約期間
50年以上	一般定期借地権の契約期間
18歳以上	相続時精算課税制度の受贈者の要件
40歳～64歳	介護保険の第２号被保険者
60歳以上	相続時精算課税制度の贈与者の要件（住宅取得資金の場合を除く）
65歳以上	介護保険の第１号被保険者

※FP技能検定で最低限覚えておいてほしい数値をまとめたものです（2024年４月現在）